수 영 역
(3~6세)

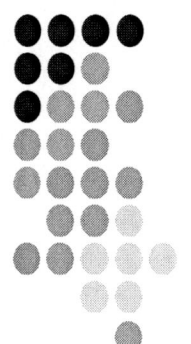

권명자 지음

M 도서출판 몬테소리

머 리 말

본 유아의 **수 지도서**는 몬테소리(A.M.S)교육 방법을 중심으로 유아교육을 위한 일상, 감각, 언어, 문화, 수(數) 중의 한 권인 '수학 지도서'이다.

본 **수 지도서**를 **개발한 까닭**은 미국의 AMS의 교사교육을 받기란 경제적, 시간적, 언어적으로 그리 만만치 않으며 우리나라 전역에서 체계적으로 이 방법을 일반화하기란 많은 시간과 어려움을 감안하여 누구나 어느 지역에서나 쉽게 접목하여 바람직한 교육방법을 유아들에게 활용할 수 있게 하기 위함이다. 우선 몬테소리교육의 장점을 들어 몇 가지를 살펴보면 다음과 같다.

첫째, 유아기는 인간발달에서 가장 중요한 무의식적 민감기에서 의식적 민감기로의 전환기임을 우리는 항상 기억해야한다. 따라서 교육의 절정기인 **민감기**를 놓치지 말고 적합한 프로그램 적용에 노력해야 할 것이다.

둘째, 몬테소리 교육과정은 현재 0-3세, 3-6세, 6-9세, 9-12세, 중등과정, 고등의 과정으로 연계하여 적용. 연구 되고 있다. 특히 혼합 학급이나 반복학습은 큰 장점이기도 하다. 혼합학급구성은 동 연령의 학년 단위의 호칭인 우리나라와는 다른 점이다.

셋째, 학습 활동면에서 볼 때, 아이의 흥미와 관심을 고려한 개별학습은 **폭넓은 지식교육과 바른 인성교육**에 도움을 주게 된다. 교사는 아이의 특성과 적성을 존중하고 배려하기 위해서는 **아이를 잘 알아야 한다**는 것이고, 아이의 학습욕구를 잘 알고 충족시켜줌으로 결국, 수학학습은 즐겁게 인식되고 자신의 능력을 스스로 개발시키며 수학능력에 자신감을 주게 될 것이다.

넷째, 유아기의 수학은 구체적 조작기의 어린이들에게 주어져야 하는 수리적, 체험중심의 활동들이 구체물의 제시로 이루어진다. 특히 민감기의 유아들은 계속된 교구조작과 사고활동을 통하여 향후 초등과정의 수학 학습에서 추상화 작업이나 많은 연구(Reserch) 활동들의 기초를 쌓음으로 결국 학습의 질적 수준을 향상시킨다.

본 지도서의 미흡한 부분이나 이해가 어려운 부분은 몬테소리교육 연수나 더 많은 연구로 수정과 보완, 첨삭하여 활용하기 바란다. 몇 가지 유의할 점은 우리나라교육과정과 몬테소리교육과정의 순서나 일치점의 논란 보다는 커다란 국가 교육목표 도달에 목표를 두고 유아가 공부하는 방법, 즉 자료를 찾는 방법이나 변형, 확대, 응용의 발전적인 학습방법개발에 노력해야 할 것이다. 또 한 가지는 어려운 환경의 여건으로 색상처리하지 못한 점은 추후에 제고하기로 한다.

끝으로 본 지도서가 유아의 수지도에 작은 도움이라도 되시기를 바라며 지금까지 도와주신 XEVIE대학 교수님들과 여러 선생님들께 감사들 드린다.

지은이 http://www.montessori-k.co.kr

일 러 두 기

우리나라 유치원 교육과정에 유아의 건강생활, 사회생활, 표현생활, 언어생활, 탐구생활 등의 통합적인 지도로 균형 있는 발전에 그 목표를 두고 있다. 특히 탐구활동을 위한 수 놀이 활동내용은 3-6세 과정을 제시하였으며 그 영역은 1)수의 소개 2) 십진법을 위한 수와 숫자의 체계, 3)십진법을 이용한 사칙연산 4)연속 수세기 5)추상화 작업 등으로 분류하여 제시하였으며 다시 각 영역별 주제는 총 59가지의 지도내용을 제시하였다.

본 수 교육을 위한 구체적인 내용은 ①주제 ②대상 연령 ③교구 ④목적(직접목적과 간접목적) ⑤선행학습 ⑥언어 ⑦교구제시 ⑧활동과정 ⑨흥미 점 ⑩실수 정정 ⑪변형확대 및 응용 ⑫.상의 유의점 ⑬관찰(평가) 등이다. 한 가지 유의할 점은 모든 어린이들의 학습활동은 개인별 학습속도, 흥미, 잠재능력개발을 염두에 두었다 현장에서 지도를 할 때는 어느 교과나 아이의 준비도나 개인별 학습속도 등을 고려하여 항상 신축성, 융통성 있는 수 활동이 이루어져야 할 것이다.

1. 주제
학습 주제는 활동의 내용을 쉽게 알아 볼 수 있도록 교구 이름, 활동내용 등을 간단한 용어로 함축하여 제시하였고 주로 교구 이름을 중시하여 제시하였다.

2. 대상 연령
본 활동은 3~6세 유아수준을 중심으로 생활과 가까운 내용으로 접근하여 제시하였다. 그러나 연령의 획일성보다는 유아들의 개인의 성장발달속도나 발달수준을 고려하여 지도해야 한다.

3. 교구
교구는 학습의 주제 해결을 위해 필요한 **준비된 교구환경(교구)**을 제시하였다. 그러나 본 교구 외에도 변형 추가의 필요성에 따라 보완함이 바람직하다. 그러나 수학교구는 어느 다른 교구에 비하여 가장 정밀한 것이 바람직하므로 **제작된 기본 교구를 구매**하거나 직접 **제작해서** 사용하는 것도 바람직하다.

4. 목적
몬테소리 지도안의 특징으로 볼 수 있는 학습목표는 **직접목적**과 **간접목적**이 있다. **직접목적**은 주로 아동개개인의 발달상의 목적으로서 본 시간에 달성할 목표를 의미하며 **간접목적**은 직접목적 외에도 본 활동에 의하여 포괄적인 차원의 발전적인 행위적인 목적을 의미한다.

5. 선행 학습

선행 학습은 **직접 선행학습**과 **간접 선행학습**으로 나누어 볼 수가 있는데 유아에게 있어서. **직접 선행학습**은 본 주제를 해결하기 위한 준비된 **기초학습**이며 **간접 선행학습**은 꼭 수학이 아니더라도 질서감, 협동감 등, 통합적으로 학습된 여러 가지를 의미한다. 선행학습의 필요성은 다음 활동의 도전을 돕기 위한 것이다.

6. 언어

우리는 흔히 언어지도를 국어에서만 하는 것으로 착각하기 쉬우나 동물에 관련한 언어, 식물에 관련한 언어 그리고 지리·역사·과학, 도형 등과 관련한 모든 교과와 직접 관련된 학문적인 다양한 언어들을 수없이 접하며 자연스럽게 익히게 된다.

7. 교구 제시

교구 제시는 아동들에게 정확히 제시되어야 한다. 본 교구 란에서는 교구활용 상황을 쉽게 볼 수 있고 학습하는 방법을 감지할 수 있도록 하였다. 본 교구 제시는 교구는 색상처리가 마땅하나 여러 가지 어려운 여건상 흑백으로 처리한 점을 아쉽게 느끼는 바이다.

8. 활동 과정

활동과정에는 수업의 진행상황을 제시하였다. 교사의 지도방법에 따라 더욱 다양한 교수·학습방법을 개발함이 바람직하다. 활동과정에서 반드시 유의할 점은 교사의 정확한 제시와 아동들이 구체적인 교구를 스스로 선택하는 등 자기주도적인 학습활동과 집중력으로 사고력, 창의력을 신장시켜야 한다.

9. 흥미점

흥미점은 그 자료 조작에서 색깔·소리·모양·인식점 등 좋아하거나 매력적인 것이 무엇인가를 오감을 통해서 느낄 수 있는 점을 제시하였다. 제시한 외에도 상황과 유아 개인에 따라서는 여러 가지 다양한 흥미 점을 발견하게 될 것이다.

10. 실수 정정

실수 정정은 자료 활용이나 학습방법기술의 부족으로 발생된 문제를 정정해주기 위한 상황이나 정정 방법을 제시한 것이다. 학습활동에서 생기는 실수는 교사의 면밀한 관찰과 신속한 대처로 자연스럽게 정정되어야 할 것이다. 단 아이의 실수에 대한 교사의 자세가 중요하며 민감기 아이들의 배움'을 참조하기 바란다.

11. 변형확대 및 응용

유아의 학습활동이 주어진 활동으로 끝내는 것이 아니고 더욱 발전적인 추가(심화)활동으로 발전하게 됨을 제시하였다. 즉 학습활동에서 변형이나 확대 그리고 응용하여 새로운 정보를 찾거나 무엇인가를 발전적으로 사고해 낼 수 있도록 이끌기 위한 학습활동이다.

12. 지도상의 유의점

학습목표 도달을 위하여 학습활동에서 오기 쉬운 시행착오를 사전에 줄이기 위한 것으로 실험과정에서 나타났던 내용들을 제시하였다. 즉 학습계획 단계에서 평가까지 각종 야기될 수 있는 여러 가지 시행착오의 문제점이나 보완사항을 제시하였다.

13. 관찰(평가)

평가는 대개 직접목적과 밀접한 관련을 가지고 있으며 아동 스스로 또는 교사의 관찰에 의한 누가 기록 등 다양한 평가방법에 따라 이루어진다. 따라서 본 란에는 수업목표와 관련된 평가 내용들을 제시하였다. 특히 유아의 평가에서는 획일적이거나 수치적인 평가보다는 다양한 평가의 긍정적인 평가가 바람직하다.

차 례

[수영역 3~6세]

1. 수의 소개

활동(1) 수 막대 ·· 9

활동(2) 모래종이 숫자 ·· 11

활동(3) 수 막대와 숫자판 ·· 13

활동(4) 물레상자 ··· 15

활동(5) 수라인 ··· 17

활동(6) 수와 바둑알 ··· 19

활동(7) 기억놀이 ··· 21

2. 십진법 - 숫자의 체계

활동(8) 소개쟁반(양의 제시 쟁반) ································ 23

활동(9) 소개쟁반(수의 제시 쟁반) ································ 25

활동(10) 소개쟁반(양과 수의 제시 쟁반) ···················· 27

활동(11) 쌓기 쟁반 ··· 29

활동(12) 양의 수직배열 ··· 31

활동(13) 숫자카드의 수직배열 ······································· 33

활동(14) 십진법의 45배열 ··· 35

활동(15) 숫자 합성 ··· 37

활동(16) 교환게임 ··· 39

3. 십진법을 이용한 사칙연산

활동(17) 금색구슬을 이용한 올림이 없는 덧셈 ·················· 41
활동(18) 금색구슬을 이용한 올림이 있는 덧셈 ·················· 43
활동(19) 금색구슬을 이용한 올림이 없는 곱셈 ·················· 45
활동(20) 금색구슬을 이용한 올림이 있는 곱셈 ·················· 47
활동(21) 금색구슬을 이용한 받아 내림이 없는 뺄셈 ·············· 49
활동(22) 금색구슬을 이용한 받아 내림이 있는 뺄셈 ·············· 51
활동(23) 금색구슬을 이용한 받아 내림이 없는 나눗셈 ············ 52
활동(24) 금색구슬을 이용한 받아 내림이 있는 나눗셈 ············ 54
활동(25) 우표게임을 이용한 올림이 없는/있는 덧셈 ·············· 56
활동(26) 우표게임을 이용한 올림이 없는/있는 곱셈 ·············· 58
활동(27) 우표게임을 이용한 받아 내림이 있는 뺄셈 ·············· 60
활동(28) 우표게임을 이용한 받아 내림이 있는 나눗셈 ············ 62

4. 연속 수세기

활동(29) 색구슬 계단 ······································· 64
활동(30) 세강판 1번 ······································· 66
활동(31) 세강판 2번 ······································· 68
활동(32) 백판 ··· 70
활동(33) 제곱체인(100체인) ································· 72
활동(34) 세제곱체인(1000체인) ······························ 74

5. 추상화 작업

활동(35) 수막대를 이용한 덧셈 ·································· 76

활동(36) 줄무늬판을 이용한 덧셈 ································ 78

활동(37) 덧셈 뱀놀이 ··· 80

활동(38) 색구슬 계단을 이용한 덧셈 ···························· 82

활동(39) 색 구슬 틀을 이용한 올림이 없는/있는 덧셈 ············ 84

활동(40) 덧셈 챠트 ··· 86

활동(41) 덧셈 암산을 위한 뱀놀이 ································ 88

활동(42) 색 구슬 계단을 이용한 곱셈 ··························· 90

활동(43) 곱셈 판 ·· 92

활동(44) 곱셈 챠트 ··· 94

활동(45) 곱셈 뱀놀이 ·· 96

활동(46) 색 구슬 틀을 이용한 곱셈 ······························ 98

활동(47) 수 막대를 이용한 뺄셈 ·································· 100

활동(48) 뺄셈판과 뺄셈 챠트 ······································ 102

활동(49) 뺄셈 종이판 ·· 104

활동(50) 뺄셈 뱀 놀이 ·· 106

활동(51) 색 구슬 틀을 이용한 뺄셈 ···························· 108

활동(52) 나눗셈판과 나눗셈 챠트 ······························· 110

활동(53) 1단위 나눗셈 판으로 긴 나눗셈 하기 ············ 112

활동(54) 철제 집어넣기 분수 ······································ 114

활동(55) 분수 읽고 쓰기 ··· 116

활동(56) 분수의 덧셈 ·· 118

활동(57) 분수의 뺄셈 ·· 120

활동(58) 분수의 곱셈 ·· 122

활동(59) 분수의 나눗셈 ·· 124

6. 부 록 ·· 126

1. 수의 소개

활동(1)

주 제	수 막대 (Number Road)	대상 연령	3~4세
교 구	길이가 증가하는 10개의 막대 수 2부터 10까지 막대는 빨강색과 파란색으로 번갈아 칠해 있음 수 막대 10개(10, 20, 30, 40, 50, 60, 70, 80, 90, 100cm)		
목 적	직 접	• 숫자의 연계를 익히고 1~10가지의 수를 양으로 배운다. • 1~10까지의 수는 각각 1씩 증가함을 알 수 있다.	
	간 접	• 막대를 순서대로 배열해서 계단모양으로 만든다. • 각 막대의 나누어진 부분을 셀 수 있다.	
선행학습	빨강막대.		
언 어	수, 막대. 긴 막대, 짧은 막대		
교 구 제 시			

활동과정
(상호작용)
	★ 수 막대 놀이 소개
	• 유아를 초대하고 매트를 깐다.
	  - 수 막대 교구의 위치를 알아본다.
	  - 교사가 수 막대를 어떻게 운반하는지 교구장에서 가장 긴 것부터 한 개씩, 몇 개를 가져온 후 매트위에 규칙 없이 나열한다(교사시범) 나머지는 유아에게 도움을 요청한다.
	• 수 막대를 운반하여 매트위에 규칙 없이 나열하기.
	  - 매트위에 길이와 관계없이 무 순서로 놓게 한다.
	• 교사는 아동의 오른쪽에 자리를 잡고 수 막대를 나열한다.
	  - 교사는 수막대의 양끝을 양손으로 움켜잡고 수 막대 중에서 가장 긴 막대는 위쪽에 놓고 점차 가장 짧은 막대는 아래로, 놓는다.
	  - 왼쪽 빨간색 가장자리가 일직선이 되도록 하고 다른 한쪽은 순차적으로 짧아지게 계단을 만든다.
	• 교구를 정리할 때 가장 긴 것부터 정리한다.
	• 교구정리 후 매트를 정리하여 제자리에 갖다 놓는다.

흥미 요소	색깔의 변화, 길이
실수정정	막대가 계단으로 정리되지 않았을 때. 손으로 길이를 재어 보는 것

변형 확대 및 응 용	• 처음에는 가장 긴 수 막대 순으로 다음엔 가장 작은 수 막대 순으로 놓아 보기 • 수 막대를 여러 가지 모양이 되도록 변형을 해 본다	**지 도 상 의 유 의 점**
		유아교구는 정품을 구입하는 것이 바람직하다. 1씩 감소되는 수의 감소성내지 증가성을 인지하도록 한다.
		관 찰 (아 동 평 가)
		막대의 길이를 보고 수 1의 감소성과 증가성을 인지하는가?

활동(2)

주 제	모래종이 숫자 (Sandpaper numerals)	대상 연령	만 3~4세
교 구	모래종이 숫자		
목 적	직 접	• 0-9가지의 수의 이름을 익히고 양과 숫자의 관계성을 이해한다. • 숫자의 형태를 근육의 운동을 통해 기억할 수 있다.	
	간 접	• 양과 숫자의 관계를 학습하는 능력이 향상된다. • 손가락의 감각을 통해서 수를 감지할 수 있다.	
선행학습	감각영역의 촉각판(부드럽고 거친 느낌에 대한 경험), 수 막대		
언 어	모래종이 글자 수의 이름 카드 1(일), 2(이).		
교구 제시			

- 11 -

활동과정 (상호작용)	★ 모래숫자놀이 • 아동을 초대하고 매트를 깐다. • 모래종이 상자를 양손으로 들고 온다. • 상자에서 숫자 1과 2를 꺼내서 수를 소개한다. 　- 교사가 먼저 숫자판의 1의 수를 검지손가락으로 따라 긋고 "일"한다. 　- 1(일)을 덧그려 보겠니? 　- 교사가 2의 수를 검지손가락으로 따라 긋고 "이"라고 말한다. 　- 2(이)를 덧그려 보겠니? • 아동이 눈을 감은 사이에 교사가 숫자판 위치를 바꾸어 놓는다. 　- 1을 찾아 덧그려 볼래? 　- 이제 2를 찾아 선생님에게 줄래? • 교사가 숫자판을 엎어 놓고 하나씩 뒤집으면서 질문한다. 　- 이 숫자는 무슨 숫자일까? • 교구정리 후 매트를 정리하여 제자리에 갖다 놓는다. • 다음날은 3, 4, 5 그 다음날은 6, 7, 8, 9까지 위와 같은 방법으로 지도한다.
흥미 요소	거친 부분을 촉감으로 느끼기
실수정정	1과 2의 숫자를 바르게 쓰지 못할 때.

변형 확대 및 응　용	• 종이를 오려서 숫자판 위에 붙여서 크레파스로 살살 문지르기 • 눈을 가리고 모래종이 숫자를 만져보기 • 기름종이를 붙이고 보이는 것 덧그리기	지 도 상 의　유 의 점
		모래종이로 숫자의 모양을 충분히 익히도록 반복 연습한다.
		관 찰 (아 동 평 가)
		0~9가지의 수의 이름을 익히고 양과 숫자의 관계성을 이해하는가?

활동(3)

주 제	수 막대와 숫자판 (Numbe Rods and Numberals)	대상 연령	만 3~4세
교 구	수 막대(1-10), 숫자카드(1-10), 숫자판, 매트 2개.		
목 적	직 접	• 1~10의 양과 숫자의 형태를 동시에 익히고 수의 양과 숫자의 관계성을 이해한다. • 수 막대(양)와 기호(숫자)를 짝짓기 할 수 있다.		
	간 접	• 수 막대(양)와 기호(숫자)를 짝짓기를 할 수 있다. • 1~10까지 수를 셀 수 있다.		
선행학습	수 막대, 모래종이 숫자		
언 어	1~10까지의 수, 숫자 카드, 수 막대		
교 구 제 시			

활동과정 (상호작용)	★수 막대와 숫자카드 제시 1)아동을 초대- 매트를 깔기-수막대의 등급화 • 수 막대와 숫자카드를 늘어놓고 용어 읽기 - 수 막대는 왼쪽 빨간색 가장자리가 일직선이 되도록 왼쪽기준으로 정렬하고 다른 한쪽은 순차적으로 짧아지게 계단을 만든다. • 숫자판을 순서 없이 늘어놓고. 수 막대와 숫자카드를 대응시킨다. - 수 막대 1을 내리고 아동에게 1의 숫자카드를 찾아오게 한다. - 1(일)을 찾아오겠니? - 수 막대를 손으로 한번 만진 다음 1의 수 막대 위에 1의 숫자카드를 비스듬히 세워 놓는다. - 계속하여 1~10까지 차례대로 아동과 함께 작업한다. • 용어알기: '수 막대와 숫자카드 ' 라고 한다. 제시 2) 수 막대와 숫자의 짝 맞추기 • 매트를 2개 깔기-한 매트에는 수 막대, 다른 매트에는 숫자카드를 놓기. - 임의의 숫자카드를 읽어주고 그 수와 같은 수 막대를 가져오면 수 막대의 수를 말하게 하고 숫자카드와 짝을 맞추어 놓게 한다. • 교구와 매트를 정리해서 제자리에 둔다.
흥미 요소	카드의 숫자대로 아동수가 모이는 놀이
실수정정	수 막대의 눈금수대로 숫자카드를 매치하지 못 할 때.

변형 확대 및 응 용	• 짝짓기 놀이 하기 10명은 수 막대, 다른 10명 아동은 숫자카드를 가지고 맞는 사람끼리 짝짓기 하기	**지 도 상 의 유 의 점** • 각 수 막대에 해당하는 숫자는 하나 뿐이다 • 수 막대 차례대로 올바를 순서를 배열되었을 때 계단모양을 이룬다.
		관 찰 (아 동 평 가) 1-10의 양과 기호(숫자)를 익히고 연관성을 이해하는가?

활동(4)

주 제	물레 가락 상자 (spindle boxes)	대상 연령	만 3~4세
교 구	물레 가락상자에는 9간의 자리가 구획되어져 있다. 첫 번째 상자(0-4), 두 번째 상자(5-9) 총 45개의 물레 가락		

목 적	직 접	• 0~9의 양과 수의 연결과 0의 개념을 이해한다.
	간 접	• 10진법을 준비한다.

선행학습	수 막대와 숫자카드

언 어	물레가락 통과, 물레 가락, 0~9까지의 수

교구 제시	

활동과정
(상호작용)
	'★물레가락 상자' 놀이 소개.
	• 아동초대 및 매트를 깔고 물레 가락 상자와 통을 매트에 내려놓기.
	제시 1) 0~4까지 수세기
	• 오른손 검지로 상자에 쓰여 진 0~4까지의 숫자를 가리키며 큰소리로 읽기
	  - 각 칸의 숫자만큼의 물레 가락을 세어 각 칸에 넣는다. 오른손으로 물레 가락을 하나씩 들어 왼손으로 넘겨주어 쥐어보게 하여 손바닥에 쥐어지는 양으로 그 수의 양을 느끼게 한다.
	  - 왼손의 물레가락을 오른손으로 또 한 번 하나씩 집어 세면서 해당 칸에 넣는다.
	• 다 넣은 후 '0'의 칸을 가리키며 비어 있음을 인식한다.
	  - '0'칸은 아무것도 없는데 그 이유는 무엇일까?
	• 물레 가락을 다시 꺼낸 후 아동에게 해보도록 권한다.
	  - 교사가 아동의 손에 건네주고 아동이 해당 수의 칸에 넣어 본다.
	제시 2) 5~9까지 수세기
	• 다시 5~9까지의 상자에 그 수에 맞는 물레 가락을 옮겨와
	제시 1)과 같은 방법으로 넣는다.
	제시 3) 0부터 9까지의 물레상자 속에 물레 가락을 다 넣은 후 0을 다시 소개하고 비어있음을 확인한다..
	제시 4) 0~9까지의 수를 양으로 느껴보기
	  - 0부터 9까지의 물레 가락 상자에 제시1)과 같은 방법으로 막대를 다 채운 후 다시 숫자의 개수만큼 꺼내어 고무줄로 묶어서 왼손에 들어 양으로 수를 느끼게 한다. 다 끝나면 고무줄을 풀어 제자리에 둔다.
	• 물레 가락은 다시 통에 놓고 물레상자와 같이 교구장에 되돌려 놓는다.
	• 이 작업을 '물레상자'놀이 라고 한다. 이 작업은 매트에서 한다.

흥미 요소	물레 가락 세기
실수정정	각 상자에 정확한 수의 물레 가락을 정확히 넣지 못할 때.

변형 확대 및 응용	- 고무줄을 8개 준비하여 1개 이상되는 것을 묶어 각 칸에 넣기 - 2개 묶음과 3개 묶음의 비교 - 45개의 물체와 종이쪽지의 숫자를 준비하여 지시하는 수 만큼의 물체와 숫자를 매치시키는 게임 하기.	**지 도 상 의 유 의 점**
		물레 가락을 손바닥에 쥐어지는 양으로 그 수를 느껴보는 과정이 필요하다.
		관 찰 (아 동 평 가)
		지정된 상자에 정확한 수의 물레가락을 세어 넣을 수 있는가?

활동(5)

주 제	수 라 인 (Numberal line)		대상 연령	만 3~4세
교 구	부직포 숫자, 부직포 천, 숫자카드 바구니.			
목 적	직 접	• 0~9까지의 수를 순서대로 셀 수 있다 • 수의 확장에 대한 기초를 쌓는다.		
	간 접	• 수의 연계성을 이해한다.		
선행학습	수 막대, 물레상자			
언 어	수라인, 0~9까지의 숫자			
교구제시				

활동과정 (상호작용)	★수 라인 -교구를 가져오게 한다. • 매직표 위에 부직포 천을 펼쳐놓고 통에서 숫자 부직포를 꺼내어 순서 없이 늘어놓기. • 숫자 부직포를 0부터 칸에 맞게 놓기. 　- 숫자 '0'을 찾아올래? 여기가 '0'의 자리란다. 　- 수 라인은 제일 왼쪽 '0'부터 시작한단다. • 0다음에는 1, 1다음에는 무엇이 올지 숫자를 찾아서 알맞은 곳에 놓기. 　- '0'다음에는 1, 1다음에는 무엇이 올까? 숫자를 찾아 보아라 • 아동이 숫자카드 2를 가져오면 2의 자리에 놓는다. 　- 이번에는 네가 해 보아라 • 3~9까지 위와 같은 방법으로 순서대로 수 라인에 놓게 한다. • '수라인'의 명칭을 알린다. 　- 이것은 '수라인'이라고 한단다. 따라서 해 보자. 　- 수라인은 매트에서 한다. • '수라인'과 숫자카드를 내려놓고 처음부터 아이가 늘어놓는다. • 교구와 매트를 정리해서 제자리에 둔다.
흥미 요소	수 라인에 숫자카드를 맞추기.
실수정정	수 라인에 순서대로 숫자를 늘어놓지 못했을 때.

변형 확대 및 응 용	교사가 순서 없이 임의의 수를 부르면 아동이 수 라인에 늘어놓게 한다.	지 도 상 의 유 의 점
		수라인의 작업은 매트에서 하게 한다
		관 찰 (아 동 평 가)
		수 라인에 숫자카드를 순서대로 늘어 놓을 수 있는가?

활동(6)

주 제	수와 바둑알 (Numerals and Counter)	대상 연령	만 3세
교 구	1-10의 숫자카드, 55개의 바둑알, 용기		
목 적	직 접	• 수와 수개념의 강화 • 1~9까지의 수에서 짝수와 홀수를 알 수 있다.	
	간 접	• 수의 기호와 양을 바르게 인식하고 수를 순서대로 배열한다. • 짝수와 홀수의 개념을 익힌다.	
선행학습	바둑알 짝짓기		
언 어	홀수, 짝수		
교구 제시			

활동과정
(상호작용)
	★수와 바둑알
	• 아동을 초대하여 활동 명을 알려준다.
	• 매트를 깔고 숫자카드를 매트 위에 순서 없이 늘어놓는다.
	• 숫자카드를 읽고 숫자가 가르치는 양만큼 바둑알을 늘어놓는다.
	   - 이것은 숫자 1이야, 이 수만큼 바둑알을 놓아보자.
	   - 1다음에 오는 숫자는 무엇입니까?
	   - 그래, 2구나, 바둑알 2개를 세어서 여기다 놓아보렴.
	• 1~9까지의 바둑알을 순서에 맞게 수만큼 세어서 숫자 밑에 놓는다.
	• 이 작업을 '숫자와 바둑알'이라고 한다. 이 작업은 매트에서 한다.
	활동2) 홀수와 짝수의 의미를 알아 본다.
	• 1~9까지의 바둑알을 아동에게 숫자와 맞추어 놓게 한다.
	• 손가락을 바둑알 사이로 그으면서 홀수(1 3 5 7 9)만 말하고, 그 뒤에 짝수(2, 4, 6, 8)만 말한다.
	• 짝수는 짝꿍이 있으나 홀수는 짝꿍이 없다.
	• 손가락으로 그어가며 홀수 짝수로 말하면서 숫자카드를 바둑알 밑에 놓기.
	• 교구를 치울 때는 아동은 바둑알을 치우고 교사는 수 카드를 치운다.

흥미 요소	숫자카드와 바둑알 짝짓기
실수정정	숫자카드와 바둑알 짝짓기를 어려워할 때.

변형 확대 및 응 용	임의의 바둑알을 놓고 그 밑에 알맞은 숫자카드를 찾아 놓기	지 도 상 의 유 의 점
		숫자를 찾을 때나 놓을 때 '일' '이' '삼'이라고 읽으면서 활동하게 한다.
		관 찰 (아 동 평 가)
		숫자카드에 맞게 바둑알을 잘 늘어놓을 수 있으며 홀수와 짝수의 개념을 이해하는가?

활동(7)

주 제	기억 게임 (Memory Game)	대상 연령	만 3세~4세
교 구			

교 구	• 0~10의 숫자가 있는 접혀있거나 말려있는 작은 숫자쪽지 • 0~10까지의 수에 해당하는 55개의 실물, 종이, 물체, 용기
목 적	**직접** • 자리 값의 이해를 준비한다. • 추상적 개념을 이해하는 준비와 수의 내면화를 기한다. **간접** • 각 수를 계속해서 기억하고 물체를 정확히 셀 수 있다. • 특별한 양을 숫자로 명명하고 십진법 체계의 언어를 익힌다.
선행학습	수와 수 막대, 수라인, 수와 바둑알, 물레상자
언 어	0~10까지의 숫자(양의 이름)
교구제시	

활동과정
(상호작용)
	★기억게임 소개.
	• 매트를 깔고 수 카드를 가져온다.
	• 11명의 아동에게 수 카드를 하나씩 집도록 한다.
	   - 살짝 펴보게 하고 숫자만 기억한 채 다시 닫게 한다.
	   - 자기가 생각하고 있는 숫자만큼 교실 안에서 물체를 가져오게 한다.
	• 교사는 아동들이 제대로 가져왔는지 한사람씩 확인한다.
	   - 아동이 어떤 수를 가져왔는지 읽어보게 한다.
	   - 다 같이 세어보게 한다. (일, 이, 삼..........구)
	• 물체를 가지고 오지 않은 아동에 대해서 이야기 한다.
	   - 그런데 철수는 왜 아무것도 가지고 오지 않았을까?
	   - '0'은 아무것도 가지고 올 수 없기 때문이지요.
	• 다른 아동들이 가져온 것도 모두 세어보게 한다.
	   - 한명씩 돌아가며 숫자카드를 펼쳐 본 다음 물체를 세어본다.
	• 이 활동은 기억게임이라고 설명하고 따라해 보게 한다.
	• 작업 후엔 정리하여 제자리에 놓는다.

흥미 요소	기억게임하기
실수정정	1비드가 오른쪽에, 다음엔 10바, 100사각형. 1000육면체가 쟁반의 가장 왼쪽에 오도록 한다(큰 수는 왼쪽, 작은 수는 오른 쪽에 놓기)

변형 확대 및 응 용	• 아동 수는 제한하지 않고 2명이 할 수도 있고 여러 명이 할 수도 있다. 이때 물체를 동일한 것으로 준비한다. • 과자를 준비하고 바구니에서 집은 숫자만큼 먹기	**지도상의 유의점**
		• 정확한 수의 실물을 준비한다. • 0도 수임을 강조해서 지도한다.
		관찰(아동평가)
		숫자에 맞는 물체를 정확히 가져 올 수 있는가?

2. 십진법의 숫자의 체계
활동(8)

주 제	십진법 양의 제시 쟁반 (Demonstration Tray)	대상 연령	만 3세 반~4세
교 구	직사각형 쟁반, 구슬, 10막대, 100구슬, 1000구슬, 용기		
목 적	직 접	• 특정한 양을 이해하고 십진법에 관계되는 일, 십, 백, 천의 어휘를 익힌다.	
	간 접	• 십진법의 자리 값을 이해할 수 있다.	
선행학습	감각교구에서 10의 개념		
언 어	구슬, 10막대, 100구슬, 1000구슬, 제시 쟁반, 일, 십, 백, 천		
교 구 제 시			

- 23 -

활동과정
(상호작용)
	★십진법의 양의 제시
	제시 1) 1의 구슬과 10의 막대
	• 매트를 깔고 1의 구슬과 10의 막대를 가져오게 한다.
	• 교사는 1의 구슬과 10의 막대를 아동에게 소개한다.
	  - 이것은 1의 구슬이다. 따라해 보겠니?
	  - 이것은 10의 막대다. 따라해 보겠니?
	• 교사는 1의 구슬과 10의 막대를 아동에게 찾게 한다.
	  - 10의 막대를 선생님 손위에 놓아 볼래?
	  - 1의 구슬을 저쪽에 넣어 볼래?
	• 교사는 1의 구슬과 10의 막대를 아동에게 말하게 한다.
	  - 이것은 무엇이지? (1의 구슬)
	  - 이것이 무엇이지? (10의 막대)
	• 교사는 칭찬을 하고 활동 명을 말해 준다.
	  - 이 활동을 '소개 제시쟁반'이라고 한다.
	제시 2) 100판 구슬과 1000구슬 소개
	• 위와 같은 방법으로 100판 구슬과 1000구슬을 아동에게 소개한다.
	• 100판 구슬과 1000구슬을 만져보게 한 후 찾아보게 한다.
	• 100판 구슬과 1000구슬의 이름을 말해보게 한다.
	• 작업 후엔 정리하여 제자리에 놓는다.

흥미 요소	구슬, 10막대, 100구슬, 1000구슬에 대한 관심
실수정정	일 십 백 천의 어휘를 잘 모를 때.

변형 확대 및 응 용	1의 구슬, 10구슬, 100구슬, 1000구슬 등을 손으로 만져보고 양의 크기를 비교하게 한다.	지 도 상 의 유 의 점
		소개 쟁반에 구슬이 한눈에 보일 수 있도록 1, 10, 100, 1000의 순으로 배열해야 한다.
		관 찰 (아 동 평 가)
		일, 십, 백, 천의 어휘를 아는가?

활동(9)

주 제	소개 쟁반 (기호숫자카드 제시 쟁반)		대상 연령	만 4세~6세
교 구	숫자카드(1은 녹색, 10은 파랑색, 100은 빨강색, 1000은 녹색), 용기			
목 적	직 접	• 1, 10, 100,1000의 숫자의 색과 수를 읽을 수 있다. • '0'이 쓰여 지는 경우를 이해한다.		
	간 접	• 10진법의 자리 값을 이해할 수 있다 .		
선행학습	감각교구를 통한 10의 양의 경험			
언 어	1, 10, 100, 1000(일, 십, 백, 천)			
교구 제시					

활동과정
(상호작용)
	★숫자 카드놀이.
	• 매트를 깔고 숫자카드가 있는 쟁반을 가져오게 한다.
	제시 1) 1의 숫자와 10의 숫자
	• 1과 10의 숫자카드를 중앙에 꺼내놓고 소개한다.
	  - 이것은 1의 숫자카드야, 무슨 색입니까?
	  - 이것은 10의 숫자카드야, 무슨 색입니까?
	  - 어디에서 본적이 있을까? 생각해 봅시다
	  - 10의 숫자카드는 0이 몇 개입니까?
	• 1의 숫자카드와 10의 숫자카드를 아동에게 찾게 한다.
	  - 1의 숫자카드를 선생님께 주세요.
	  - 10의 숫자카드를 집어 보아요.
	• 교사는 1의 숫자카드와 10의 숫자카드를 아동에게 말하게 한다.
	  - 이 숫자카드는 무엇입니까?
	제시 2) 100의 숫자카드와 1000의 숫자카드 소개
	• 위처럼 3단계 교수법으로 100의 숫자카드와 1000의 숫자카드를 소개한다.
	  - 이것은 빨강색의 100의 숫자카드, 이것은 녹색의 1000의 숫자카드이다.
	  - 100의 숫자카드는 0이 몇 개입니까?
	  - 100의 숫자카드를 선생님께 주세요.
	  - 이 숫자카드는 무엇입니까?
	• 1비드
	  - 10바 - 100사각형
	  - 1000육면체 등을 확인한다.

흥미 요소	1, 10, 100, 1000의 숫자의 0의 개 수
실수정정	10, 100, 1000의 숫자의 구분이 어려울 때.

변형 확대 및 응 용	• '0'의 중요성을 인식시키기 위해 10000, 100000도 보여주고 0의 수를 세어보게 한다.	지 도 상 의 유 의 점
		숫자카드의 색깔의 의미를 지도한다.
		관 찰 (아 동 평 가)
		1, 10. 100. 1000의 숫자카드를 읽을 수 있는가?

활동(10)

주 제	소개 쟁반 (기호숫자와 양의 제시 쟁반)		대상 연령	만 4세~6세
교 구	숫자카드(1-녹색, 10-파란색, 100-빨간색, 1000-녹색)			
목 적	직 접	• 0이 쓰여 지는 숫자가 있음을 안다. • 숫자의 구성에 0이 많이 쓰임을 안다		
	간 접	1, 10, 100, 1000의 언어를 배우는 것.		
선행학습	양의 제시 쟁반(양, 숫자)			
언 어	제시 쟁반, 양, 숫자, 기호.			
교 구 제 시				

활동과정 (상호작용)	★기호 숫자카드 제시 쟁반 • 매트를 깔고 양의 제시 쟁반과 숫자카드를 동시에 가져오게 한다. • 1과 10의 숫자카드를 꺼내서 3단계 교수법을 사용한다. -이 숫자는 무슨 숫자입니까? 1입니다 • 이것은 무슨 숫자이지요?　　• 10입니다 • 10의 숫자에는 0이 몇 개입니까? •1개입니다 • 10의 숫자카드를 선생님께 줄래요 • 이것은 무슨 숫자이지요? 제시2) 숫자를 카드색과 연결시켜 쉽게 알게 한다. (3단계) • 이것은 무슨 색깔입니까?　　• 빨간 색입니다 • 이것은 100의 숫자라고 해요. 그런데 0이 몇 개입니까?•2개입니다. • 이것은 무슨 색깔입니까?- 초록색입니다 • 이것은 1000의 숫자카드라고 해요 이것은 0이 몇 개입니까?•3개입니다. 제시3) 양과 수의 결합 • 양의 제시 쟁반과 숫자카드를 동시에 가져온다. • 이것은 무슨 수지요?　•1의 구슬입니다. • 이것은 무슨 수이지요?　•1의 숫자 카드입니다 • 먼저 양의 제시를 놓은 다음 그에 맞는 숫자카드를 하단에 놓는다. 이 활동을 '양과 수의 제시쟁반'이라고 해 • 교구를 치울 때에는 양을 먼저 쟁반에 놓고 그 다음에 숫자를 치운다.
흥미 요소	양과 기호를 대응시키는 일
실수정정	양과 기호를 바르게 대응시키지 못할 때

변형 확대 및 응 용	• 임의의 양을 제시하고 양에 맞는 숫자(기호)를 제시하게 한다.	지 도 상 의 유 의 점
		교구를 정리할 때는 양을 먼저 쟁반에 놓고 교구장에 갖다 놓은 후 다시 숫자카드를 치운다.
		관 찰 (아 동 평 가)
		양과 기호를 순서대로 바르게 대응시킬 수 있는가?

활동(11)

주 제	십진법의 쌓기 쟁반 (Bulding Tray)	대상 연령	3세반~4세
교 구	직사각형 쟁반, 금색비즈(1구슬 10개, 10구슬 막대 10개, 100구슬 10개, 1000구슬, 1큐브)		
목 적	직 접	• 양의 관계를 감각적으로 비교할 수 있다. • 동등한 값을 이해할 수 있다.	
	간 접	• 받아 올림이나 받아 내림이 있는 사칙연산의 준비를 한다. • 각 숫자 단위간의 관계를 이해한다.	
선행학습	10진법 제시 쟁반		
언 어	쌓기 쟁반, 육면체, 금색비즈		
교구제시			

활동과정
(상호작용)
	★양의 쌓기 배열 놀이
	제시1)매트를 깔고 금색비즈가 있는 쟁반을 가져오게 한다.
	• 쟁반의 1의 자리 구슬을 꺼내서 숫자를 말하며 한 개씩 놓는다.
	• 1이 10개 모이면 10이다.
	  - 1의 자리 구슬10개와 10의 자리 구슬막대 1개를, 비교하며
	    1의 구슬 10개와 10자리 구슬막대 1개의 크기가 같구나.
	• 쟁반의 10의 구슬 막대를 한 개씩 놓는다.
	  (십, 이십, 삼십, 사십, 오십, 육십, 칠십, 팔십, 구십, 백)
	
	제시2) 10이 10개 모이면 100이 됨을 제시한다.
	  - 10의 자리 구슬막대 10개는 100자리 구슬판 한 개의 크기와
	    같구나.
	• 쟁반의 100의 구슬 판을 한 개씩 놓으며 수를 세어본다.
	  (백, 이백, 삼백, 사백, 오백, 육백, 칠백, 팔백, 구백, 천)
	• 100이 10개 모이면 1000이 되는구나.
	  - 100의 구슬 판이 10개면 바로 1000구슬이 큐브와 같구나!
	• 이것이 바로 '쌓기 쟁반' 놀이란다
	
	제시3) 양의 수를 언어로 표현한다(일, 십, 백, 천의 언어 익히기)
	• 구슬들의 수직 배열- 선생님이 말한 만큼 가져올 수 있겠니?
	• 1의 자리를 종이에 쌓아서 가져 오렴! 어디 함께 세어 보자
	• 10의 자리를 가져오고, 다시 100의 자리를 가져오고, 다시 1000의 자
	  리를 가져와 보아라. 모두 합하여 읽어 보자(0.천 -0백 -0십 -0몇)

흥미 요소	쌓기 쟁반,
실수정정	각 단위별로 정확한 수의 금색비즈.

변형 확대 및 응 용	금색구슬을 만져보고 양의 크기를 느끼도록 한다.	지 도 상 의 유 의 점
		교구를 정리할 때는 일의 자리부터 정리하게 한다.
		관 찰 (아 동 평 가)
		1이 10개면 10, 10이 10개면 100, 100이 10개면 1000이 됨을 이해하는가?

활동(12)

주 제	양과 수의 수직 배열 (Vertical Placement of Numeral Cards)	대상 연령	4세~6세
교 구	큰 숫자카드 4세트, 제시 쟁반, 구슬(1의 자리 구슬, 10의 구슬막대, 100 구슬판, 1000의 구슬큐브 각 각 9개), 작은 종지		
목 적	직 접	• 각 단위의 양과 숫자를 수직으로 배열할 수 있다. • 각 숫자 단위의 이름을 알 수 있다.	
	간 접	• 교구의 명칭에 익숙해진다. • 각 숫자 단위간의 관계를 이해한다.	
선행학습	숫자 카드		
언 어	수직배열		
교구제시			

활동과정 (상호작용)	★양의 수의 수직배열 및 양과 수를 언어로 표현 제시 1) • 금색구슬을 수직으로 나열한다. 　- 쟁반위에 있는 1의 자리 구슬 9개를 꺼내 수를 세며 수직으로 배열하게 한다. (일, 이, 삼, 사, 오, 육, 칠, 팔, 구) 　- 10의 구슬 막대 9개를 꺼내 수를 세며 수직으로 배열하게 한다. 　　(10~90) (십, 이십, 삼십, 사십, 오십, 육십, 칠십, 팔십, 구십) 　- 100의 구슬 판 9개를 꺼내 수를 세며 수직으로 배열하게 한다. 　　(100~900) (백, 이백, 삼백, 사백, 오백, 육백, 칠백, 팔백, 구백) 　- 1000의 구슬 큐브 9개를 꺼내 수를 세며 수직으로 배열한다. 　　(1000~9000) (천, 이천. 삼천, 사천, 오천, 육천, 칠천, 팔천, 구천) 제시 2) 양의 수를 언어로 표현 • 러그 2개를 깔고 아동 2명을 초대하여 게임을 한다. 　- 구슬들이 수직 배열되어 있지요? 　- 선생님이 말한 만큼 가져올 수 있겠어요? 　- 1의 자리 구슬은 작은 종지에 담아 오세요. 　- 1의 자리 5개를 가져와 봐. (아동이 구슬을 가져온다.) 　- 무엇을 가져왔니?(5입니다.) 　- 우리 같이 세어 보세요(일 이 삼 사 오) 　- 이번엔 제자리에 갖다 놓아 보자. • 처음 1의 자리가 5로 시작했으면 10의 자리, 100의 자리, 1000의 자리도 같은 줄(여기서는 5)로 시작하는 것이 좋다. • 다른 줄도 계속해서 한 후 가져온 사람이 제자리에 가져다 놓도록 한다. • 작업 후엔 정리하여 제자리에 놓는다.
흥미 요소	양의 수를 언어로 표현하기 게임
실수정정	숫자카드의 색깔 차이, 숫자카드의 길이차이를 분명히 이해한다.

변형 확대 및 응　　용	• 게임을 변형시켜 교사가 지시한 금색 구슬을 수직배열 한 곳에 알맞게 끼워놓기를 하게 한다.	지 도 상 의 유 의 점
		활동을 할 때마다 숫자를 말로 표현하도록 지도한다.
		관 찰 (아 동 평 가)
		양을 수직으로 배열라고 그 수를 말 할 수 있는가?

활동(13)

주 제	숫자카드의 수직배열 (Vertical Placement of Numeral Cards)	대상 연령	4세~6세
교 구	큰 숫자카드 4세트1-9=초록, 10-90=파랑, 100- 900= 빨강 1000-900=초록		
목 적	직 접	• 숫자의 개념에 대한 이해의 폭이 확장된다. • 십진법의 자리 값의 이해를 준비한다.	
	간 접	• 교구의 이름과 친밀성을 갖는다. • 수의 넓은 개념을 이해한다.	
선행학습	양을 수직으로 배열. 숫자 카드놀이		
언 어	수직배열, 숫자카드		
교 구 제 시			

활동과정 (상호작용)	★숫자카드의 수직 배열 제시 1) 구슬을 수직으로 나열 • 아동을 초대하여 활동명과 영역을 알려준다. • 매트를 수직으로 깔고 숫자카드가 있는 상자를 가져오게 한다. • 상자에서 1자리, 10자라, 100자리, 1000의 자리를 각각의 묶음으로 큰 자리가 왼쪽으로 하여 차례대로 수평으로 나열한다. 　- 1의 자리 묶음을 풀고 "이 카드는 초록색이지? 1의 자리란다." 　- 1부터 9까지의 수를 차례대로 세어가며 수직 나열한다. 　- 10의 자리, 100의 자리, 1000의 자리 묶음도 같은 방법으로 수직 나열한다. 　　1000　　100　　10　　1 　　2000　　200　　20　　2 　　…　　　…　　 …　　… 　　9000　　900　　90　　9 제시 2) 숫자카드의 수를 언어로 표현 • 제시 1과 같이 배열하고 매트 2개를 깐다. • 한 개의 매트에는 숫자카드를 놓고 다른 한 개에는 교사와 아동이 앉아서 게임을 한다. 　- 네 마음대로 매트에 가서 숫자카드 한 개를 가지고 올래? 　- 무엇을 가져 왔니? (50입니다.) 　- 잘 읽었다. 그럼 이 카드를 제자리에 갖다 놓아 볼래? • 많은 어린이가 체험 할 수 있도록 기회를 준다. • 작업 후엔 정리하여 제자리에 놓는다.
흥미 요소	숫자카드의 색깔과 길이 차이
실수정정	숫자카드의 색깔과 길이 차이를 인식하지 못할 때.

변형 확대 및 응　용	- 한 사람씩 수직배열 놀이를 한다 - 교사가 임의의 숫자카드를 들어 보이며 읽어보게 한 후 수직배열한 제자리에 가져다 놓게 한다.	지 도 상 의　유 의 점
		숫자카드는 자릿수에 따라 색깔과 크기를 다르게 했음을 알려 준다.
		관 찰 (아 동 평 가)
		숫자카드를 수직배열 하고 읽을 수 있는가?

활동(14)

주 제	십진법의 45배열 (Decimal Layout(of 45))	대상 연령	만 4~6세
교 구	• 1의 자리 구슬 45개, 종지 • 숫자 카드의 수직 배열- 큰 숫자카드 4세트 (vertical placement of numeral of numeral cards),		
목 적	직 접	• 십진법의 자리 값을 이해하는 준비가 된다.	
	간 접	• 교구의 명칭에 익숙해진다. • 수에 대한 넓은 개념을 확장한다.	
선행학습	양의 수직배열, 숫자카드의 수직배열		
언 어	십진법의 45배열		
교 구 제 시			

활동과정 (상호작용)	★양의 45 배열제시(양을 제시하기) 제시1)매트를 깔고 1의 구슬이 45개 들어있는 종지를 매트위에 놓기. 　　- '일'이라고 말하며 종지 안에서 1의 구슬 한 개를 매트위에 꺼내 놓는다. 　　- 같은 방법으로 수를 세며 9까지 수직으로 배열하게 한다. 　　　(1~9) (일, 이, 삼, 사, 오, 육, 칠, 팔, 구) 제시2)10의 구슬 막대가 45개 들어있는 바구니를 가져온다. 　　- 10의 구슬막대를 꺼내 수를 세며 수직으로 배열하게 한다. 　　　(10~90) (십, 이십, 삼십, 사십, 오십, 육십, 칠십, 팔십, 구십) 제시3)100의 구슬 판 45개를 가져와 수를 세며 수직으로 배열하게 한다. 　　- 200이면 2개를 포개놓고 900이면 9개를 포개어 놓는다. 　　　(100~900) (백, 이백, 삼백, 사백, 오백, 육백, 칠백, 팔백, 구백) 제시4)1000의 구슬 큐브 9개를 꺼내 수를 세며 수직으로 배열한다. 　　　(1000~9000) (천, 이천. 삼천, 사천, 오천, 육천, 칠천, 팔천, 구천) 　　- 삼천이면 3개를 포개어 쌓아 놓고 높이의 증가도 느끼게 한다. 제시5) 숫자카드 제시하기(숫자카드 수직 배열) • '일'이라고 말하며 1의 자리 구슬 한 개를 매트위에 꺼내 놓기. 　　- 일의 구슬의 오른쪽 옆에 1의 숫자카드를 놓는다. 　　- 같은 방법으로 1~9까지 구슬과 숫자카드를 맞추고 수직으로 배열한다. • 10의 자리, 100의 자리, 1000의 자리도 구슬과 숫자카드를 배열한다. • 교구를 정리는 구슬의 양을 천의 자리부터 치우고 숫자카드를 치운다.
흥미 요소	숫자카드로의 숫자합성.
실수정정	45배열을 어려워 할 때.

변형 확대 및 응　　용	십진법의 45배열을 할 때 많은 수부터 배열해 본다.	지 도 상 의 유 의 점
		양을 먼저 수직으로 배열한 후 오른쪽에 숫자카드를 양에 맞게 배열한다.
		관 찰 (아 동 평 가)
		1~9000까지의 구슬의 양과 숫자카드를 수직 배열할 수 있는가?

활동(15)

주 제	숫자합성 (Number Composition)	대상 연령	만 4~5세
교 구	큰 숫자카드 세트, 구슬(1의 자리, 10의 자리, 100의 자리, 1000의 자리 각 각 45개씩), 매트 2개.		
목 적	직 접	• 큰 수와 구슬을 이용하여 정확한 숫자합성을 할 수 있다.	
	간 접	• 수의 넓은 개념을 이해한다. • 사칙연산의 준비를 할 수 있다.	
선행학습	십진법의 45배열		
언 어	숫자 합성		
교 구 제 시			

활동과정
(상호작용)
	★숫자 합성(덧셈)
	제시 1) 수의 양에 맞는 숫자카드를 놓기
	• 아동을 초대하여 매트를 2개를 깔고 은행을 마련하고 구슬을 자릿수대로 쌓아놓게 한다.
	• 아동은 한 개의 매트에 숫자카드를 수직으로 배열한다.
	• 교사는 다른 매트에 앉아서 아동은 은행에 가서 일의 구슬 5개, 10의 구슬 5개를 가져오도록 한다.
	  - 무엇을 가져왔지?(55입니다.)
	  - 교사와 함께 일의 자리, 십의 자리 순으로 세어본다.
	  - 친구가 가져온 것이 55개가 되었다. 이것을 '숫자합성'이라고 한단다. 따라하게 한다.
	  - 이제 이것을 제자리에 갖다 놓아 보자."
	• 이번에는 10의 자리 8개와 1의 자리 3개의 구슬을 은행에서 가져온다.
	  - 무엇을 가지러 갔었지?(83개의 구슬입니다.)
	  - 그래, 선생님과 함께 세어보자.
	• 10의 자리 8개, 1의 자리 3개의 구슬에 해당하는 숫자카드를 가져오너라.
	  - 먼저 일의 자리 3개에 해당하는 숫자를 가져와 볼래?(3입니다.)
	  - 10의 자리 8개에 해당하는 숫자를 가져와 볼래? (80입니다.)
	• 교사는 80의 0위에 3을 올려놓아 '83'을 만든다.
	  - 이 숫자는 83이라고 한단다. 따라 해 보자."
	제시 2) 숫자카드에 양을 맞추기
	• 매트위에서 숫자를 가져오게 한 후 거기에 해당되는 구슬을 가져오게 한다.
	  - 숫자카드 500, 1의 자리 2를 가져오게 한다. 구슬도 마찬가지로 500에 해당하는 구슬과 2개의 구슬을 가져오게 한다.
	  - 교사와 함께 확인 후 숫자카드를 합성시킨 후 숫자를 읽는다.
	  - 이것은 502(오백이)라고 읽는다.
	• 작업 후엔 정리하여 제자리에 놓는다.

흥미 요소	숫자를 합성시켜보는 것
실수정정	정확한 수의 구슬, 숫자카드.

변형 확대 및 응 용	숫자를 합성시켜 만든 숫자를 읽고 그에 해당하는 양과 숫자카드를 가져오기	지 도 상 의 유 의 점
		정확한 수의 구슬을 준비하고 조용히 생각을 하는 시간을 준다.
		관 찰 (아 동 평 가)
		원하는 숫자카드와 양을 이용해서 숫자카드를 합성할 수 있는가?

활동(16)

주 제	교환 게임 (Exchange game)		대상 연령	만 4~5세
교 구	1000개~9000개의 임의의 황금구슬			
목 적	직 접	1, 10, 100, 1000의 관계를 이해하고 교환할 수 있다.		
	간 접	• 자리 값에 대한 이해를 넓힌다. • 수의 넓은 개념을 이해한다.		
선행학습	10진법의 쌓기쟁반, 숫자의 합성			
언 어	교환게임			
교구 제시				

활동과정
(상호작용)
	★교환게임 (받아 올림)
	• 아동을 초대하여 매트를 깔고 .은행에 가서 구슬을 교환해 오게 한다.
	  - 1의 구슬 14개, 10의 구슬 12개, 100의 구슬 13개, 1000의 구슬 2개를 가져 온다,
	  - 우리는 오늘 재미있는 게임을 하는데 그 게임의 규칙은 반드시 10개 이상은 가질 수 없단다.
	  - 아동의 손에 1의 구슬 14개를 주면서 교사와 같이 세어본다.
	  - 우리가 10개 이상의 구슬을 가질 수 없다고 했으니까 은행에 가서 1의 구슬 10개를 10의 구슬로 바꾸어 올래? (1구슬 4개 남는다)
	  - 아동이 10의 구슬로 바꾸어 오면 지금 있는 10의 구슬과 합쳐 놓는다.
	  - 아동의 손에 10의 구슬 13개를 주면서 교사와 같이 세어본다.
	  - 이번에도 10개 이상의 구슬을 가질 수 없다고 했으니까 10막대 구슬 10개를 100판으로 바꾸어 올래? (10막대구슬이 3개 남지?)
	  - 바꿔온 100판에 지금 가지고 있는 100판 구슬과 합친 후 100판 구슬 14개를 주고 1000큐브와 바꾸어 오도록 한다.(결국 100판이 4개 남지?)
	• 남은 구슬 수만큼 숫자카드를 가져온다.
	  - 1의 구슬 4개를 세고 4의 숫자카드를 가져와서 구슬 밑에 놓는다.
	  - 10막대 3개를 세고 30의 숫자를 가져와서 구슬 밑에 놓는다.
	  - 100판 4개를 세고 아동에게 400의 숫자를 가져와서 구슬 밑에 놓는다.
	  - 1000큐브 3개를 세고 아동에게 3000의 수를 가져와 구슬 밑에 놓는다.
	• 작업 후엔 정리하여 제자리에 놓는다.

흥미 요소	교환게임
실수정정	각 단위에 해당하는 자리 값이 일정하게 정해져 있지 않을 경우.

변형 확대 및 응 용	임의의 숫자카드를 제시하고 다양한 방법으로 구슬을 가져오기.	지 도 상 의 유 의 점
		각 단위에 해당하는 자리 값이 일정하게 정해져있어야 자리이동을 한 눈에 볼 수 있다.
		관 찰 (아 동 평 가)
		교환게임을 즐기고 정확하게 교환하고 있는가?

3. 십진법의 사칙연산
활동(17)

주 제	금색구슬로 받아올림이 없는 덧셈 (Static/Dynamic/Subtraction with Golden Bead Meterial)	대상 연령	만 4~5세
교 구	작은 숫자카드 2세트, 큰 숫자카드 1세트, 금색구슬, 기호(+,-,=), 쟁반 3개, 그룹의 아이들을 위한 쟁반		
목 적	직 접	• 구슬을 이용해서 받아 올림이 없는 덧셈을 할 수 있다.	
	간 접	• 십진법을 강화한다. • 수학적 정신을 개발한다.	
선행학습	십진법 배열, 십진법과 자리 값을 이해, 숫자합성		
언 어	받아 올림, 덧셈, 덧셈의 수식 기호 (+,=)		
교 구 제 시			

활동과정
(상호작용)
	• 아동을 초대하여 매트를 3개를 깔고 작업을 준비한다.
	  - 매트 3개에 각각 숫자카드를 배열해 둔다.(작은 숫자카드 2세트, 큰 숫자카드 1세트)
	• 4521 + 3414의 과정을 설명한다.
	  - 아동 2명을 초대하여 쟁반 하나씩 주고 그 위에 숫자를 나눠준다.
	  - A와 B아동에게 은행에 가서 숫자에 맞는 구슬을 가져오게 한다.
	  - 무엇을 가지고 왔는지 숫자를 읽어보게 한다.
	  - A와 B아동이 가지고 온 구슬을 교사와 함께 일의 자리부터 세어본다.
	             일의 자리 10의 자리 100의 자리 1000의 자리
	    A유아 1 20 500 4000
	    B유아 4 10 400 3000
	  - A아동은 4521를 가져왔고 B아동은 3413을 가져왔다는 것을 확인시키고 보자기에 넣고 몇 번 흔들어 합친 후 다시 세어보게 한다.
	  - 1의 자리부터 세어본다. (일 이 삼 사 4입니다.)
	  - A아동에게 일의 구슬 개수만큼 큰 숫자카드를 가져오게 한다.(4)
	  - 십의 자리도 세고 나서 B아동에게 십의 구슬 개수만큼 큰 숫자카드를 가져오게 한다. (30)
	  - 백의 자리도 세고 나서 A아동에게 백의 구슬 개수만큼 큰 숫자카드를 가져오게 한다. (900)
	  - 천의 자리도 세고 나서 B아동에게 천의 구슬 개수만큼 큰 숫자카드를 가져오게 한다. (7000)
	  - A와 B아동이 가져온 구슬의 합은 7935이다. 이것을 덧셈이라 한다.

흥미 요소	작은 숫자카드와 큰 숫자카드 .
실수정정	작은 숫자카드는 작은 숫자에 쓰이게 한다.

변형 확대 및 응 용	교사가 제시한 여러 가지 문제들을 금색구슬로 제시하게 한다.	지 도 상 의 유 의 점
		작은 숫자카드는 더하는 각각의 수에 쓰이고 큰 숫자카드는 더한 값에 쓰여 진다.
		관 찰 (아 동 평 가)
		구슬을 이용해서 받아 올림이 없는 덧셈을 할 수 있는가?

활동(18)

주 제	금색구슬로 받아 올림 있는 덧셈 (Static/Dynamic/Subtraction with Golden Bead Meterial)		대상 연령	만 4~5세
교 구	숫자카드 2세트, 큰 숫자카드 1세트, 금색구슬, 기호(+, =)			
목 적	직 접	• 구슬을 이용해서 받아 올림이 있는 덧셈을 할 수 있다. • 교환과정을 포함한 덧셈을 구체적으로 제시할 수 있다.		
	간 접	• 십진법을 강화한다. • 수학적 정신을 개발한다.		
선행학습	받아 올림이 없는 덧셈, 교환게임			
언 어	받아 올림, 덧셈			
교 구 제 시				

활동과정
(상호작용)
	★올림이 있는 덧셈
	
	• 아동을 초대하여 매트를 3개 깐다.
	• 매트 2개를 세로로 깔고 각각 숫자카드를 수직 배열(작은 숫자카드 2세트, 큰 숫자카드 1세트)해 두고 1개의 매트는 가로로 깐다.
	• 2407 + 2407의 과정을 설명한다.
	  - 아동 2명을 초대하여 각각 작은 숫자카드에서 좋아하는 숫자를 1, 10, 100, 1000자리에서 가져오게 한 후 아동이 가져온 숫자를 읽게 하여 확인한다.
	  - 가져온 숫자카드의 수만큼 은행에서 구슬을 담아오게 한다.
	  - 아동이 가지고 온 구슬을 교사와 함께 일의 자리부터 세어본다.
	  - 1의 자리, 10의 자리, 100의 자리, 1000의 자리 구슬을 매트에 놓고 수카드는 그 밑에 정리한다.
	  - 두 명이 가지고 온 구슬을 쟁반위에 놓고 합쳐보게 한다.
	  - 합친 것이 모두 얼마인지 일의 자리부터 세어보고 만약 10개가 넘으면 10의 막대와 바꾸어서 10의 자리의 구슬과 합쳐놓는다
	  - 일의 자리 구슬을 세어본 후 큰 숫자카드를 가져오게 한다.
	  - 십의 자리, 백의 자리, 천의 자리도 위와 같은 방법으로 합하고 교한하여 구슬 개수만큼 큰 숫자카드를 가져오게 한다.
	  - A와 B아동이 가져온 구슬을 합쳤더니 4814임을 설명한다.
	• '+'와 '='의 기호를 설명한다.
	
	      A 2407
	  + B 2407
	                     4814

흥미 요소	구슬을 이용하여 덧셈하기
실수정정	10개가 넘었을 때 윗자리에서 교환해 노는 것을 어려워 할 때.

변형 확대 및 응 용	아동스스로 받아 올림이 있는 덧셈을 만들고 구슬을 이용하여 더 해 보기	**지 도 상 의 유 의 점** 아동에게 '받아 올림이 없는 덧셈'과 '교환놀이'를 활용하여 답을 구하도록 조언한다.
		관 찰 (아 동 평 가) 구슬을 이용하여 받아 올림이 있는 덧셈을 할 수 있는가?

활동(19)

주 제	금색구슬을 이용한 받아 올림이 없는 곱셈 (Static/Multiplication with Golden Bead Meterial)	대상 연령	만 5세~6세

교 구	숫자카드 2세트, 큰 숫자카드 1세트, 금색구슬, 기호(×, =)

목 적	직 접	• 곱셈과정의 기초를 이해한다. • 곱셈을 구체적으로 제시할 수 있다.
	간 접	• 곱셈과정을 이해시킨다.

선행학습	숫자합성, 금색 비즈의 덧셈

언 어	곱셈, 곱셈 수식의 기호(×, =)

교구 제시	

활동과정
(상호작용)
	★올림이 없는 곱셈
	• 아동을 초대하여 매트를 3개 깐다.
	  - 매트 2개를 세로로 깔고 각각 숫자카드를 수직 배열(작은 숫자카드 2세트, 큰 숫자카드 1세트)해 두고 1개의 매트는 가로로 깐다.
	• 2132 × 2의 과정을 설명한다.
	  - 아동 2명을 초대하여 각각 2132의 작은 숫자카드를 가져오게 한다.
	  - 2132 수만큼 은행에서 구슬을 담아오게 한 후 교사와 함께 일의 자리부터 세어본다.
	  - 2명의 아동이 가져온 구슬을 나란히 세로로 놓고 그 밑에 그에 해당하는 숫자카드를 놓는다.
	  - 카드는 빼내어 왼쪽 하단에 놓고 1의 구슬을 쟁반위에 놓고 합쳐보게 한다.
	  - 합친 것의 합이 모두 얼마인지 일의 자리를 세어보고 그에 해당하는 큰 숫자카드를 가져오게 한다.
	  - 10의 자리, 100의 자리, 1000의 자리도 위와 같은 방법으로 합치고 그에 해당하는 큰 카드 숫자를 가져다 구슬 밑에 수를 합성하여 오른쪽 위에 놓는다.
	  - 같은 수를 반복해서 더한 것과 두 번 곱한 것은 답이 같다.
	• 숫자카드에 기호를 덧붙여 2132 × 2 = 4264 되었음을 설명하고 '이것이 올림이 없는 곱셈'이라고 설명한다.
	• 숫자카드는 단위별로 모아 상자에 넣고 구슬은 은행에 되돌려 놓는다.

흥미 요소	곱셈이 덧셈의 반복과정
실수정정	비즈를 배열할 때, 공간이 3개의 그룹이 시각적으로 구별되도록 조직 되어야 한다.

변형 확대 및 응 용	덧셈을 3번 반복하여 곱셈의 과정을 제시해 보게 한다.	지 도 상 의 유 의 점
		구슬을 배열할 때 공간이 3개의 그룹이 시각적으로 구별 되도록 한다.
		관 찰 (아 동 평 가)
		곱셈과정은 덧셈의 반복과정과 답이 같은 것을 알고 있는가?

활동(20)

주 제	금색구슬을 이용한 올림이 있는 곱셈 (Static/Multiplication with Golden Bead Material)	대상 연령	만 5~6세
교 구	숫자카드 2세트, 큰 숫자카드 1세트, 금색구슬, 기호(×, =)		
목 적	직 접	• 교환과정을 포함한 곱셈과정을 알 수 있다.	
	간 접	• 연산의 폭을 넓히고 수학적 두뇌를 육성한다.	
선행학습	금색구슬을 이용한 올림이 있는 덧셈, 올림이 없는 곱셈, 교환놀이,		
언 어	받아올림이 있는 곱셈		
교구 제시			

활동과정
(상호작용)
	• 아동을 초대하고 매트를 3개 깐다.
	  - 매트 2개를 세로로 깔고 각각 숫자카드를 수직 배열(작은 숫자카드 2세트, 큰 숫자카드 1세트)해 두고 1개의 매트는 가로로 깐다.
	• 3136 × 2의 과정을 설명한다.
	  - 아동 2명을 초대하여 각각 교사가 제시한 수 3136의 작은 숫자카드를 가지고 와서 읽기.
	  - 3136에 해당하는 구슬을 가지고 와서 일의 자리부터 세어본다.
	  - 센 구슬을 나란히 세로로 놓고 그 밑에 그에 해당하는 숫자카드를 놓는다.
	  - 카드는 빼내어 왼쪽 하단에 놓고 1의 구슬을 쟁반위에 놓고 합쳐본다.
	  - 합친 것이 모두 얼마인지 일의 자리를 세어보고 12개이므로 10의 구슬로 교환하고 10의 자리에 해당하는 큰 숫자카드 70을 가져오게 한다.
	  - 100의 자리, 1000의 자리도 위와 같은 방법으로 합치고 그에 해당하는 큰 카드 숫자를 가져오게 하고 수합성하여 오른쪽 위로 놓는다.
	• 같은 수를 반복해서 더한 것과 두 번 곱한 것은 답이 같다는 것을 인식시킨다.
	• 수카드에 기호를 덧붙여 3136 × 2 = 6272가 됨을 설명하고 '이것이 올림이 있는 곱셈'이라고 설명한다.
	• 수카드는 단위별로 모아 수상자에 넣고 구슬은 은행에 되돌려 놓는다.
	• 매트는 정리하여 제자리에 놓는다.

흥미 요소	곱셈방법과 덧셈방법의 답이 같음
실수정정	더하기의 기호와 곱하기의 기호를 구분 못할 때.
변형 확대 및 응용	아동을 두 편으로 나누어 2명씩 짝을 짓게 하고 수식을 주고 구슬을 이용하여 곱셈의 답을 구하는 게임하기.

지도상의 유의점	
수의 계산식을 보여주며 곱셈의 기호를 익히게 한다.	
관찰(아동평가)	
받아 올림이 있는 곱셈의 방법을 알고 있는가?	

활동(21)

주 제	금색 구슬을 이용한 받아 내림이 없는 뺄셈 (Static/subtraction with Golden Bead Material)		대상 연령	만 4세반~5세
교 구	작은 숫자카드 2세트, 큰 숫자카드 1세트, 금색구슬, 기호(-, =)			
목 적	직 접	• 뺄셈과정을 구체적으로 제시할 수 있다. • 빼어지는 수(큰수)와 빼는 수, 남는 수를 알 수 있다.		
	간 집	• 연산의 폭을 넓히고 수학적 두뇌를 육성한다.		
선행학습	금색구슬을 이용한 받아올림이 없는 덧셈.			
언 어	뺄셈, 뺄셈 수식의 기호(-, =)			
교 구 제 시				

활동과정
(상호작용)
	받아올림이 없는 뺄셈
	• 아동을 초대 및 활동명을 설명한다.
	• 매트 2개를 나란히 붙여서 세로로 깔고 각각 숫자카드를 수직 배열(작은 숫자카드 2세트, 큰 숫자카드 1세트)해 두고 1개의 매트는 조금 떨어진 곳에 가로로 깐다.
	• 5468-3251의 과정을 설명한다.
	  를468을 큰 숫자카드에서 가져오게 한 후 숫자를 읽어보고 맞는지 확인한다.
	  - 5468의 수만큼 은행에서 구슬을 담아오게 한 후 얼마를 가져왔는지 묻고 가지고 온 구슬을 교사와 함께 일의 자리부터 세어본다.
	  - 센 구슬을 왼쪽 상단에 놓고 그 밑에 그에 해당하는 숫자카드를 놓는다.
	  - 빼야할 수인 3251을 작은 수자 카드를 가져와 매트에 내려놓는다.
	  - 3251을 다시 읽어 확인한 후 교사가 가지고 있는 구슬에서 그 수 만큼 구슬을 빼어 도로 은행에 돌려준다.
	  - 남아있는 구슬이 모두 얼마인지 일의 자리부터 세어 매트위에 내려 놓고 작은 숫자 카드에서 1의 자리 숫자 7을 가져오게 한다.
	  - 10의 자리, 100의 자리, 1000의 자리도 위와 같은 방법으로 작은 숫자 카드를 가져오게 한다.
	• 오늘 공부한 뺄셈을 정리해서 설명한다.
	  - 구슬 5468개를 아동에게 주고 나서 보니 2217이 남았다.
	• 3단계 교수법으로 기호를 설명한다.
	• 수 카드는 단위별로 모아 수상자에 넣고 구슬은 은행에 다시 갖다 놓기.
	• 매트는 정리하여 제자리에 놓는다.

흥미 요소	뺄셈의 과정
실수정정	큰 숫자카드와 작은 숫자카드의 사용이 혼돈될 때.

변형 확대 및 응용	두 명의아동이 빼기놀이를 통해 뺄셈방법을 익히게 한다.	**지도상의 유의점**
		큰 숫자 카드는 빼어 지는 수로 시작에 사용하고 작은 숫자카드는 빼는 수와 빼고 남은 수에 사용한다.
		관찰 (아동평가)
		받아 내림이 없는 뺄셈을 할 수 있는가?

활동(22)

주 제	금색 구슬을 이용한 받아 내림이 있는 뺄셈 (Static/subtraction with Golden Bead Material)	대상 연령	만 4세반~5세
교 구	숫자카드 2세트, 큰 숫자카드 1세트, 금색구슬, 기호(-, =)		
목 적	직 접	• 교환과정을 포함해 뺄셈과정을 구체적으로 제시할 수 있다.	
	간 접	• 연산의 폭을 넓히고 수학적 두뇌를 육성한다.	
선행학습	금색구슬을 이용한 받아올림이 있는 / 없는 덧셈		
언 어	뺄셈, 뺄셈 수식의 기호(-, =)		
교구 제시			

활동(23)

주 제	금색 구슬을 이용한 받아내림이 없는 나눗셈 (Static/subtraction with Golden Bead Material)	대상 연령	만 4세반~5세

교 구	작은 숫자카드 2세트, 큰 숫자카드 1세트, 금색구슬, 기호(÷,-, =)

목 적	직 접	• 나눗셈의 기초과정을 구체적으로 인지한다.. • 수의 자리값을 인지한다.
	간 접	• 십진법 체계에서 자리 값을 알 수 있다.

선행학습	받아 올림이 없는 뺄셈,

언 어	나눗셈, 나눗셈 수식의 기호(÷, =)

교구 제시	

활동과정
(상호작용)
	*받아내림이 없는 나눗셈
	• 아동을 2명 초대, 활동명과 교구를 알려 준 후 매트를 4장 깐다. 매트 2개에 작은 수 카드, 매트 1개에 큰 수 카드를 수직으로 배열한다.
	• 아동을 교사와 마주보는 곳에 앉히고 각각의 유아에게 쟁반을 준다.
	• 8642 ÷2의 과정을 설명한다.
	  - 교사가 미리 머릿속에 문제를 생각하고 큰 수 카드를 가져온다.
	  - 교사는 가지고 온 수카드 만큼, 은행에 가서 구슬을 가져온다.
	  - 교사가 가지고 온 구슬을 천 단위부터 아동과 함께 세어서 매트 우 하단에 오른쪽에서 왼쪽으로 수평 나열한다.
	  - 가져온 큰 수 카드를 구슬 위에 나열한다.
	  - 아동에게 천의 구슬부터 각각 2명에게 똑같이 쟁반위에 나누어 준다.
	  - 아동에게 자신의 쟁반 위에 있는 천의 구슬의 수만큼 작은 수 카드를 가져오게 한다.
	  - 위와 같이 2명의 아동에게 100구슬, 10의 구슬, 1의 구슬을 각각 똑같이 나누어 준 후 세어보고 자신의 쟁반에 있는 구슬의 수만큼 작은 수 카드를 가져오게 한다.
	  - 각각의 아동의 쟁반에 있는 구슬을 세어 가면서 매트의 좌측에 차례대로 수직 나열한다.
	  - 2묶음이 모두 같은 수이므로 2묶음은 밑으로 빼고 1묶음의 구슬 밑에 나누어 가진 4321를 나열하여 나눗셈 공식이 한눈에 보이게 한다.
	• 위의 작업 내용을 말로 공식화해서 다시 설명한다.
	  - 선생님이 8642의 구슬을 가지고 있었는데 너희 2명에게 똑같이 나누어 주었지?, 그래서 그것을 식으로 나타내기 위해서 기호가 필요한 거야, '나눗셈의 기호' 는 바로 ÷ 이거야.
	• 이 작업이 금색 비즈의 받아 내림이 없는 나눗셈이란다.

흥미 요소	금색구슬로 나눗셈을 하는 것
실수정정	나누어 가진 수를 정확히 세지 못할 때

		지 도 상 의 유 의 점
변형 확대 및 응 용	친구들이 모여 똑같이 나누어 갖는 게임을 통해 나눗셈의 의미를 깊게 한다.	나눗셈에서 큰 숫자카드는 피젯수에서만 사용한다.
		관 찰 (아 동 평 가)
		나눗셈 기호를 아는가? 금색비즈를 이용하여 받아 내림이 없는 나눗셈을 할 수 있는가?

활동(24)

주 제	금색 구슬을 이용한 받아 내림이 있는 나눗셈 (Division with Golden Bead Material)		대상 연령	만 6세
교 구	숫자카드 2세트, 큰 숫자카드 1세트, 금색구슬, 기호(÷, =)			
목 적	직 접	• 교환과정이 포함된 나눗셈을 구체적으로 고 이해한다.		
	간 접	• 금색비즈를 이용하여 교환이 있는 나눗셈을 할 수 있다.		
선행학습	받아 내림이 없는 나눗셈,			
언 어	나눗셈, 나눗셈 수식의 기호(÷, =)			
교구 제시	7 4 3 4 ÷ 3 3 7 1 7			

- 54 -

활동과정
(상호작용)
	★아동을 3명 초대하여 내림이 있는 나눗셈 안내
	• 매트를 4장 깐다.
	• 매트 2개에는 작은 수 카드, 다른 두 매트에는 수직으로 큰 수 카드를 놓는다.
	• 아동을 교사와 마주보게 앉히고 각각의 아동에게 쟁반을 준다.
	• 7434 ÷ 3의 과정을 설명한다.
	  - 아동이 큰 수 카드로 7434를 가져오게 한다.
	  - 교사는 아동이 가져온 수 카드만큼 은행에 가서 구슬을 가지고 온다.
	  - 교사가 가지고 온 구슬을 천 단위부터 아동과 함께 세어서 매트 우 하단에 오른쪽에서 왼쪽으로 수평 나열한다.
	  - 3명의 아동에게 1000의 단위부터 각각의 쟁반위에 2개씩 똑같이 나누어 주고 .1000의 구슬 1개가 남으므로 **천의 구슬 1개를 은행에 가서 100의 구슬 10개로 바꾸어** 오게 한다.
	  - 바꿔 온 구슬과 100의 구슬을 합하여 세어보고 100의 구슬 14개를 3사람에게 똑같이 나누어 준다.
	  - 100의 구슬 2개가 남으므로 은행에 가서 10의 구슬 20개로 바꾸어 오게 해서 10의 구슬 23개를 3사람에게 똑같이 나누어 준다.
	  - **10의 구슬 2개가 남으므로 은행에 가서 1의 구슬 20개로 바꾸어** 오게 해서 1의 구슬 24개를 3사람에게 똑같이 나누어 준다.
	  - 위와 같이 아동 3명에게 1000구슬, 100 구슬, 10의 구슬, 1의 구슬을 각각 똑같이 나누어 준 후 세어보고 자신의 쟁반에 있는 구슬의 수만큼 작은 수 카드를 가져온다.
	  - 3사람의 몫이 모두 같은 수이므로 1사람이 가진 몫에 3717을 놓고 나눗셈 공식이 한눈에 들어오게 한다. 2사람의 것은 밑으로 치운다.

흥미 요소	금색구슬로 나눗셈을 하는 것
실수정정	나누기는 가장 큰 단위의 수부터 점차 작은 단위를 마지막으로 나눈다. (예: 3456에서 3000자리부터나누기)

변형 확대 및 응 용	나눗셈 식을 제시해 주고 금색구슬로 나눗셈하기	지 도 상 의 유 의 점
		가장 큰 단위부터 나누기 시작해서 작은 단위의 순서로 나눈다.
		관 찰 (아 동 평 가)
		금색구슬을 이용하여 받아내림이 있는 나눗셈을 할 수 있는가?

활동(25)

주 제	우표게임을 이용한 받아 올림이 없는/있는 덧셈 (Staic/Dynamic Addition with Stemp Game)		대상 연령	만 4~5세
교 구	작은 숫자카드 2세트, 큰 숫자카드 1세트, 우표상자, 기호(+,=), 쟁반 3개 구슬 지시쟁반, 연필, 종이, 문제집			
목 적	직 접	• 우표를 이용해서 받아 올림이 없는/있는 덧셈을 할 수 있다.		
	간 접	• 십진법을 강화한다. • 수학적 정신을 개발한다.		
선행학습	금색구슬을 이용한 받아올림이 없는/있는 덧셈			
언 어	우표, 받아올림, 받아내림, 덧셈, 덧셈의 수식 기호(+,=)			
교구제시				

활동과정 (상호작용)	★우표의 소개 제시 1) • 우표상자를 가져와 매트 위에 놓고 단위별로 각각 1개씩 꺼내고 상자는 매트 중앙 위쪽에 놓으며 우표를 소개한다. - 구슬 지시쟁반을 가져와 일의 구슬 밑에 1의 우표를, 10의 막대 밑에 10의 우표를 100판 밑에 100의 우표, 1000큐브 밑에 1000의 우표를 놓고 서로 대신할 수 있음을 설명한다. - 3단계 교수법으로 우표를 소개한다. 제시 2) 우표를 이용한 덧셈 • 우표를 이용한 덧셈과정을 설명한다. - 2명의 아동에게 각각 작은 숫자카드를 임의로 가져오게 한다. - 우표상자에서 우표를 꺼내 수카드 밑에 그 수에 해당하는 우표를 놓는다. - 2사람이 가져온 우표를 한데 섞어 교사와 함께 세어보고 1의 우표 개수만큼 큰 숫자카드를 가져오게 한다. - 십의 자리, 백의 자리, 천의 자리도 세고 나서 우표 개수만큼 큰 숫자카드를 가져오게 한다. - 가져온 큰 숫자카드를 합성하여 밑에 놓는다. • 작업명이 '우표게임을 이용한 받아올림이 없는/있는 덧셈'이라고 말한다. 제시 3) 문제 풀기 • 문제집을 보고 빈 종이에 색깔에 맞게 문제를 적는다. - 문제집은 매트 상단에 놓고 문제를 쓴 종이를 보고 우표를 해당하는 수만큼 꺼내서 상자 밑으로 늘어놓는다. - 라인을 쳐주거나 연필을 놓아 구분을 하고 다음 칸의 수를 늘어놓는다. - 더할 때는 구분선을 치우고 밑에서 위로 합하고 셀 때는 밑으로 내리면서 센다. 일의 자리를 세다가 10이 되면 멈추고 1의 자리 10개를 10의 우표와 바꾸어 10의 자리에 놓는다. - 1의 자리의 남은 수는 문제를 적은 종이에 답을 쓴다. - 10의 자리, 100, 1000의 자리도 세어 10개가 넘으면 윗자리수의 우표와 바꾸어 온 후 세어보고 해당하는 수를 문제지의 답란에 적는다. • 작업 후엔 정리하여 제자리에 놓는다.
흥미 요소	우표사용
실수정정	우표 사용이 잘 못되었을 때

변형 확대 및 응 용	문제지에 제시된 문제를 보고 자율적으로 우표를 이용하여 덧셈을 하기	지 도 상 의 유 의 점
		우표의 크기가 같으므로 숫자를 보고 구분하게 한다.
		관 찰 (아 동 평 가)
		우표를 이용해서 올림이 없는 /있는 덧셈을 할 수 있는가?

활동(26)

주 제	우표를 이용한 올림이 없는/있는 곱셈 (Staic/Dynamic Multiplication with Stemp Game)		대상 연령	만 6세
교 구	숫자카드 2세트, 큰 숫자카드 1세트, 우표, 기호(×, =)			
목 적	직 접	• 우표를 이용해서 올림이 없는/있는 곱셈의 과정을 알 수 있다.		
	간 접	• 수학적 정신을 개발한다.		
선행학습	황금구슬을 이용한 받아 올림이 없는/있는 곱셈			
언 어	곱셈, 곱셈 수식의 기호(×, =)			
교구제시				

활동과정
(상호작용)
	★우표를 이용한 올림이 없는 곱셈.
	• 책상위에 매트를 깔고 우표상자를 놓는다.
	• 2412 × 3의 과정을 설명한다.
	  – 종이에 먼저 문제를 색깔별로 적는다.
	    예: 2412 X 3을 세로 셈으로 놓고 한다.
	  – 상자 밑에 각각의 자릿수 마다 그 수만큼 우표를 꺼내어 수직 나열한다.
	  – 중간 끈을 놓는다.
	  – 곱하기 3이므로 다시 끈 밑에 각각의 자리수마다 그 수만큼 우표를 꺼내어 수직 나열한다.
	  – 합칠 때는 구분선을 치우고 밑에서 위로 합하고 셀 때는 밑으로 내리면서 센다. 일의 자리를 세다가 10이 되면 멈추고 1의 자리 10개를 10의 우표와 바꾸어 10의 자리에 놓는다.
	  – 1의 자리의 남은 수는 문제를 적은 종이에 답을 쓴다.
	  – 10의 자리, 100, 1000의 자리도 세어 10개가 넘어가는 경우 윗 단위 수의 우표와 바꿔 합친 것이 모두 얼마인지 세어보고 답을 종이에 쓴다.
	• 이 활동의 이름이 '우표를 이용한 올림이 없는/있는 곱셈'이라고 설명한다.
	• 우표는 단위별로 모아 우표상자에 넣는다.
	• 매트는 정리하여 제자리에 놓는다.

흥미 요소	– 똑 같은 양을 더한 것이 곱셈이 된다는 사실 – 우표를 이용하여 곱셈을 하는 것
실수정정	우표를 수직배열하지 않을 때

변형 확대 및 응 용	문제집의 문제를 선택하여 우표를 사용하여 곱을 구하기	지 도 상 의 유 의 점
		• 황금색 구슬을 이용한 곱셈과 같다 • 우표를 배열할 때의 공간이 3개의 그룹이 시각적으로 볼 수 있도록 한다.
		관 찰 (아 동 평 가)
		우표를 이용해서 곱셈을 할 수 있는가?

활동(27)

주 제	우표게임을 이용한 받아 내림이 있는 뺄셈 (Staic/Dynamic Subtraction with Stemp Game)	대상 연령	만 5세~6세
교 구	작은 숫자카드 1세트 큰 숫자카드 1세트 우표, 끈, 기호(-, =),		
목 적	직 접	• 교환과정을 포함해 뺄셈과정을 구체적으로 제시할 수 있다. • 피 감수, 감수, 남은 수를 쉽게 해볼 수 있다.	
	간 접	• 받아내림이 있는 셈과 추상화 작업의 능숙을 기한다.	
선행학습	금색구슬을 이용한 받아 내림이 있는 뺄셈,		
언 어	뺄셈, 뺄셈 수식의 기호(-, =)		
교 구 제 시			

- 60 -

활동과정 (상호작용)	★받아 내림이 있는 뺄셈 아동을 초대하여 활동명과 교구명을 알려 준 후 책상위에 매트를 깐다. • 우표상자를 가져와서 매트위에 놓는다. • 6252 - 1138의 과정을 설명한다. 　- 문제지에 6252 - 1138을 색깔별로 쓴다. 　- 상자 밑에 6252의 수만큼 우표를 수직으로 일의 자리부터 나열한다. 　- 중간에 끈을 놓고 다시 그 밑에 1138의 수만큼 우표를 나열한다. 　- 일의 자리부터 빼준다. 2에서 8을 뺄 수 없으므로 10의 자리 우표 1개를 꺼내 우표상자에서 1의 자리 우표 10개와 바꾸어서 1의 자리에 놓는다. 　- 1의 우표 12개에서 8을 빼면 4개가 남는다. 세어보고 문제지의 답란에 남는 수 4를 쓴다. 　- 10의 자리, 100의 자리, 1000의 자리도 일의 자리와 같은 방법으로 우표를 교환해서 빼고 남는 수를 세어본다. 　- 뺀 우표는 우표상자 속에 넣는다. 　- 남아있는 우표를 1의 자리부터 세어 답안지에 쓴다. • 아동이 쓴 답과 문제지 뒤에 있는 답을 스스로 비교하게 한다. • 이 작업이 우표게임을 이용한 '받아 내림이 있는 뺄셈'이라는 것을 알린다. • 작업을 같이 해 주어서 고맙다는 인사를 하고 우표상자를 정리한다.
흥미 요소	뺄셈의 과정, 교환과정
실수정정	큰 숫자카드와 작은 숫자카드의 사용을 혼돈할 때.

변형 확대 및 응　　용	우표를 이용하여 문제지에 있는 받아 내림이 있는 뺄셈을 익히게 한다.	지 도 상 의　유 의 점
		문제를 풀고 문제지 뒤에 있는 답을 스스로 맞추어 보도록 한다.
		관 찰 (아 동 평 가)
		우표게임을 이용해서 받아 내림이 있는 뺄셈을 할 수 있는가?

활동(28)

주 제	우표 게임을 이용한 받아 내림이 있는 나눗셈 (Staic/Dynamic Division with Stemp Game)		대상 연령	만 6세
교 구	작은 숫자카드 2셋트, 큰 숫자카드1세트, 우표, 끈, 기호(÷, =)			
목 적	직 접	• 우표를 이용해서 교환이 있는 나눗셈을 할 수 있다.		
	간 접	• 수의 교환 과정을 이해하고 수학적 두뇌를 개발시킨다.		
선행학습	금색구슬을 이용한 받아 내림이 있는 나눗셈,			
언 어	나눗셈, 나눗셈 수식의 기호(÷, =)			
교구제시				

활동과정 (상호작용)	★받아 내림이 있는 나눗셈 • 아동을 초대하여 활동명과 교구를 알려 주고 책상에 매트를 깐다. • 우표상자를 가져와 매트위에 놓는다. • 문제지에 3913 ÷ 3의 과정을 설명한 다음 색깔별로 쓴다. 　- 문제지에 3913 ÷ 3을 색깔별로 쓴다. 　- 상자 밑에 3913의 숫자만큼의 우표를 자릿수에 맞추어 수직으로 나열한다. 　- 난장이 3명을 꺼내고 아동을 대신하는 것이라고 설명한다. 　- 난장이를 상자 바로 밑에 나열한다. 　- 3개의 난장이에게 각각 1000의 자리 우표 1개씩을 나누어 준다. 　- 100의 자리 우표도 각각 3개씩 나누어 준다 　- 10의 자리 우표는 1개 밖에 없으므로 우표상자에서 1의 자리 우표 10개로 바꾸어 1의 자리 우표 13개를 3명의 난장이에게 똑같이 분배하면 4개씩 주고 1개가 남는다. 　- 남는 1개가 '나머지' 임을 알려준다. 　- 1개의 난쟁이의 몫만이 답이므로 문제지에 몫을 쓰고 남은 1을 R로 표시하여 몫의 옆에 쓴다. • 아동이 쓴 답과 문제지 뒤에 있는 답을 스스로 비교하게 한다. • 이 작업이 우표게임을 이용한 '받아 내림이 있는 나눗셈'이란다. • 작업을 같이 해 주어서 고맙다는 인사를 하고 우표상자를 정리한다.
흥미 요소	우표로 나눗셈을 하는 것
실수정정	1개의 난장이의 몫이 나눗셈의 몫임을 이해하지 못할 때.

변형 확대 및 응 용	우표게임을 이용하여 문제지의 나눗셈의 몫을 계산하고 익숙할 수 있게 연습한다.	지 도 상 의 유 의 점
		난장이에게 똑같이 분배를 못한 경우 한 단위 낮은 것으로 바꿔와야 함을 지도한다.
		관 찰 (아 동 평 가)
		우표 게임를 이용하여 받아내림이 있는 나눗셈을 할 수 있는가?

4. 연속 수세기
활동(29)

주 제	색 구슬 계단 (Bead Stair)	대상 연령	만 4세 반
교 구	색 구슬계단, 막대(1~9까지의 막대), 화살표(색구슬과 같은 색), 세는 막대, 1~9까지의 작은 숫자카드		
목 적	직 접	• 색 구슬 계단을 이용하여 1~9까지의 수를 연속적으로 셀 수 있다.	
	간 접	• 추상화에 대한 준비를 할 수 있다.	
선행학습	10진법 활동들, 수막대		
언 어	색구슬 막대, 화살표, 색구슬 계단		
교 구 제 시			

활동과정 (상호작용)	★색 구슬 계단 • 아동을 초대하여 활동 명을 알리고 색 구슬계단을 통해 연속수세기하기. 제시 1) 색 구슬 계단 • 책상에 매트를 깔고 .색 구슬을 계단모양으로 놓는다. 　-색 구슬 계단 도구상자를 양손으로 잡고 옮겨와 매트위에 내려놓고 색구슬 막대, 화살표, 세는 막대를 매트위에 꺼내놓고 빈 교구상자는 매트 오른쪽에 옮겨놓는다. 　-1~9까지의 색 구슬을 꺼내 색을 설명하여 세고 1의 구슬이 밑에 오게 하고 9의 구슬까지 일정한 간격을 두고 위로 늘어놓아 역삼각형이 되게 한다. 　　1 - 빨강,　2 - 초록,　3 - 분홍,　4 - 노랑,　5 - 하늘, 　　6 - 보라,　7 - 회색,　8 - 갈색,　9 - 파랑 　-세는 막대를 이용하여 1의 구슬부터 세어 1의 구슬과 같은 숫자가 쓰인 같은 색의 화살표를 찾아 구슬의 옆에 갖다 놓는다. 　-나머지 2~9까지의 색 구슬도 위와 같은 방법으로 놓는다. • 오늘의 활동은 '색 구슬 계단'과 '색 화살표'를 이용했음을 재차 알린다. 제시 2) 숫자카드 놓기 • 색 구슬, 색 화살표, 숫자카드를 역삼각형 모양으로 늘어놓는다. 　- 1의 색 구슬을 세는 막대로 세고 색 화살표를 색 구슬 옆에 놓고 작은 숫자카드를 화살표 옆에 차례대로 늘어놓는다. 　- 나머지 2~9까지의 색 구슬도 위와 같은 방법으로 늘어놓는다. • 아동의 작업이 끝나면 색 구슬을 한데 모아 색구슬 상자에 넣고 다음은 화살표, 숫자카드의 순서로 넣고 한데 모아 교구장에 둔다.
흥미 요소	색 구슬 막대와 화살표의 색깔이 같은 점
실수정정	색 구슬 막대의 고유의 색을 이해하지 못할 때,

변형 확대 및 응　용	여러 가지 물체를 이용하여 1~9까지의 수를 세어보게 한다.	지 도 상 의 유 의 점
		색 구슬은 수마다 고유의 색이 있음을 강조한다.
		관 찰 (아 동 평 가)
		1~9까지의 색 구슬을 역삼각형으로 늘어놓고 수를 연속적으로 셀 수 있는가?

활동(30)

주 제	세강판. 1 (Teen Boards)	대상 연령	만 4세
교 구	9개의 나무로 된 숫자판, 10짜리 구슬 막대 9개 1~9까지의 색 구슬		
목 적	직 접	• 11~19까지의 각 숫자에 대한 이름을 배우기두자리 수자를 • 수에 맞는 양의 제시를 할 수 있다.	
	간 접	• 수학적 두뇌를 개발시킨다. • 11-19까지를 양과 수로 이해하기	
선행학습	색 구슬 계단		
언 어	세강판, 11~19까지의 숫자		
교 구 제 시			

활동과정
(상호작용)
	세강판
	제시 1) 색구슬로만 소개하기
	• 색 구슬계단 도구상자를 매트위에 놓고 색구슬로 역삼각형을 만들어 놓는다.
	• 11~13까지의 수를 소개한다.
	  - 10의 막대 1개를 놓고 그 옆에 1의 구슬을 놓고 3단계 교수법으로
	  - 11~13까지의 수를 소개한다.
	  - 12, 13도 같은 방법으로 묻는다.
	• 그 다음날 14~16, 또 그 다음날 17~19를 위와 같은 방법으로 지도한다.
	• 교구를 정리하고 제자리에 둔다.
	제시 2) 틴(Teen Board) 보드로만 소개하기
	• 3단계 교수법으로 11~13까지의 수를 소개한다.
	  - 보드 판(세강판 1)과 1~9의 숫자판을 꺼내어 놓는다.
	  - 보드 판에 10의 0대신 1을 끼우면서 "1십과 1이 만나서 11이 되었다."
	  - 12, 13도 위와 같이 제시하고 설명한다.
	• 그 다음날 14~16, 또 그 다음날 17~19를 위와 같은 방법으로 한다.
	제시 3) 양과 기호의 결합
	• 11~13까지의 수를 양과 기호의 결합으로 소개한다.
	  - 10자리 구슬 막대와 색구슬 계단의 구슬을 숫자카드 밑에 늘어놓는다.
	  - 보드 경계선을 오른손 장지와 검지로 밀어 올린 후 보드 10의 0대신에 1을 넣고 11을 만든다.
	  - 10자리 구슬 막대 1개와 색구슬 1개를 보드 왼쪽에 늘어놓는다.
	  - 12, 13도 똑같이 나열하고 11~13까지의 수를 다시 한 번 확인한다.
	• 그 다음날 14~16, 또 그 다음날 17~19까지를 위와 같은 방법으로 한다.
	• 이 작업은 '세강판 1번(Teen Boards) 활동'이라고 알린다.
	• 아동의 작업이 끝나면 먼저 1~9까지의 숫자판을 치우고, 4개짜리 보드판, 5개짜리 보드 판의 순서로 정리하고 교구장에 둔다.

흥미 요소	10의 숫자판과 1~9의 숫자판을 끼워보는 것
실수정정	세강판에 숫자를 잘 못 끼울 때, 정확한 수의 비즈,

변형 확대 및 응용	세강판에 수의 순서대로 숫자판을 전부 끼운 후 1의 자리를 빼거나 10의 자리를 일부 뺀 후 아동에게 채워 넣게 한다.	지 도 상 의 유 의 점
		마지막 정리할 때 정확한 개수의 구슬들과 모든 교구들을 확인한다.
		관 찰 (아 동 평 가)
		1~19의 양과 기호를 알 수 있는가?

활동(31)

주 제	세강판. 2 (Ten Boards)	대상 연령	만 4세~4세반
교 구	2개의 보드판, 10~90의 숫자판 9개, 1~9의 나무 숫자판, 10자리 구슬, 막대 45개, 1자리 구슬 9개		
목 적	직 접	• 10~90의 양과 숫자로 인식할 수 있다. • 21-99까지 양과 숫자로 인식할 수 있다.	
	간 접	• 10-90까지의 양과 수로 이해하기. • 99까지의 수를 비즈와 숫자카드로 만들 수 있다.	
선행학습	색구슬 계단, 세강판 1번		
언 어	세강판, 21~99까지의 숫자		
교구 제시			

- 68 -

활동과정
(상호작용)
	* 수의 결합
	제시 1) 색구슬로만 소개하기
	• 색구슬 계단 도구상자를 가져와 매트위에 놓는다.
	• 첫째 날은 10~30, 둘째 날은 30~60, 셋째 날은 70~90의 수를 3단계 교수법으로 지도한다.
	  - 10의 구슬 1개를 놓고 이것은 10이라고 한다.
	  - 10은 어디에 있지?
	  - 이것은 무엇이라고 하지?
	제시 2) 텐 보드로만 소개하기
	  - 보드판(세강판 2)을 보고 10~30의 숫자를 읽는다.(일십, 이십, 삼십)
	  - 숫자를 덧그리며 수를 읽는다.
	제시 3) 양과 기호를 결합하기
	  - 10 보드를 손으로 덧그리며 읽게 하고 왼쪽에 10자리 구슬을 숫자에 맞게 늘어놓는다. 20~90도 똑같은 방법으로 지도한다.
	제시 4) 21~99의 양과 기호를 결합하기
	  - 10자리 구슬 막대 1개와 색구슬 1개를 보드 왼쪽에 늘어놓는다.
	  - 세강판 2번의 숫자판 20의 0을 빼고 숫자판 1을 끼워 놓고 11임을이 지도한다. 10자리 구슬막대 2개와 색구슬 1개를 보드판의 왼쪽에 놓고 21을 읽는다.
	  - 다시 숫자판 1을 빼고 2~9까지 넣으면서 21~29까지 지도한다.
	  - 31~39의 수를 위의 방법으로 지도한다.
	• 다음날은 40~69, 그 다음날은 70~99를 위와 같은 방법으로 지도한다.
	• 이 작업은 '세강판 2번(Ten Boards) 활동'이라고 알린다.
	• 작업이 끝나면 먼저 1~9의 숫자판을 치우고, 4개짜리 보드판, 5개짜리 보드판의 순서로 정리하고 교구장에 둔다.

흥미 요소	10의 숫자판과 1~9의 숫자판을 끼워보는 것
실수정정	나무판의 나뉘어진 부분과 숫자판에 새겨진 숫자

변형 확대 및 응 용	세강 판에 임의의 수를 끼운 후 그에 맞는 양을 제시하게 하거나 색구슬로 양을 제시하고 세강판의 숫자를 맞추어 보도록 한다.	지 도 상 의 유 의 점
		마지막 정리할 때 정확한 갯수의 구슬들과 모든 수들이 있는지 확인한다.
		관 찰 (아 동 평 가)
		21~99까지의 양과 기호를 알 수 있는가?

활동(32)

주 제	백판(100판)	대상 연령	만4~5세
교 구	100칸으로 된 나무판, 1~100까지의 숫자가 적힌 타일, 상자 3개(1번 상자: 1~10의 수, 2번 상자: 11~20의 수, 3번 상자: 21~30⋯⋯ 91~100의 수가 들어있음)		
목 적	직접	• 1~100까지의 수를 세고 기억할 수 있다.	
	간접	• 연속적인 수를 셀 수 있고 수의 질서를 알 수 있다.	
선행학습	세강판 1번, 세강판 2번		
언 어	백판		
교구 제시			

활동과정 (상호작용)	* 백판 놀이 • 아동을 초대하고 백판과 컨트롤 챠트를 가져와 매트 위에 놓는다. 　- 1번 상자를 열고 숫자 카드를 백판 위 하단에 붙여 나열한다. 　- 100판의 오른쪽에 있는 컨트롤 챠트를 보면서 1부터 10까지의 숫자 카드를 컨트롤 챠트와 같은 자리에 나열한다. 　- 2번 박스의 11에서 20까지의 숫자 카드를 백판 위 하단에 붙여 나열. 　- 100판의 오른쪽에 있는 컨트롤 챠트를 보면서 11부터 20까지의 숫자 카드를 컨트롤 챠트와 같은 자리에 나열한다. 　- 3번 박스를 열고 21에서 100까지의 숫자 카드를 백판 위 하단에 붙여 나열한다. 　- 100판의 오른쪽에 있는 컨트롤 챠트를 보면서 21부터 100까지의 숫자 카드를 컨트롤 챠트와 같은 자리에 나열한다. • 작업을 같이 해 주어서 고맙다 고 하고 이 작업이 '백판'이라고 설명한다. • 교구를 정리할 때 제일 첫째 줄의 숫자 카드부터 차례대로 다시 해당 박스에 담고 100판과 컨트롤 챠트도 정리한다. • 정리한 교구와 매트를 제자리에 갖다 놓는다.
흥미 요소	100칸으로 나누어진 나무판과 숫자카드를 맞추어 보는 것.
실수정정	100판에 놓은 숫자카드와 컨트롤 챠트가 맞지 않을 때 .

변형 확대 및 응 용	• 100판의 숫자카드를 일부 빼어 두고 맞추어 놓는 작업을 하게 한다.	지 도 상 의 　유 의 점
		상자마다 필요한 타일을 담아 두어 작업을 하는데 불편함이 없도록 한다.
		관 찰 (아 동 평 가)
		1~100의 수를 세고 기억할 수 있는가?

활동(33)

주 제	제곱 체인 (100 체인) (Square Chains)	대상 연령	만 4세반~5세
교 구	제곱 체인은 비즈계단의 색과 같은 색으로 되어 있다 비즈체인과 일치하는 제곱판 일정하게 크기가 증가하는 숫자가 적힌 화살표, 셈판 색깔이 숫자별로 써 있는 화살표, 100판 구슬		
목 적	직 접	• 1씩 건너 떠어 셀 수 있다. • 100체인에 화살표 숫자를 사용하고 수를 읽을 수 있다.	
	간 접	올바른 크기의 화살표를 사용하고 비즈의 수를 정확하게 셈으로서 어떤 수의 제곱을 찾아낸다.	
선행학습	백판(ten bord)백판(hundred board)		
언 어	100 체인, 1~100까지의 수		
교구 제시			

활동과정 (상호작용)	* 100체인의 구슬 (10의 제곱제인) 제시 1) 감각적으로 제시하기 • 아동을 초대하여 활동명과 교구명을 알린다. - 이것은 제곱 체인이라고 하기도 하고 100 체인이라고 한다. • 바닥에 먼저 매트를 깐다. • 교구장에 가서 100체인과 100판 구슬을 가져온다. - 10체인의 끝나는 부분을 오른손으로 잡고 흔들림을 막기 위해 왼손으로 체인의 중간을 잡고 매트로 가져온다. - 쟁반에 담아 100판 구슬을 가져온다. - 매트위에 수평 나열한 체인을 지그재그로 놓아서 백판 구슬과 포개어 같음을 보여준다. • 체인과 백판 구슬을 정리하여 제자리에 갖다 놓는다. 제시 2) 화살표 숫자 • 100체인을 카운터로 세어서 화살표 숫자를 놓는다. - 화살표 숫자를 색깔대로 100체인 위에 나열한다. - 카운터로 1의 구슬을 누르며 "일"이라고 말하며 그 구슬의 밑에 1번의 화살표 숫자를 놓는다. - 같은 방법으로 10까지 화살표를 놓는다. - 이번에는 10이 끝나는 자리에만 화살표를 놓는다. (십일, 십이, 십삼.........십구, 이십"이라고 카운터 하여 읽지만, 20의 자리에만 화살표 숫자를 놓는다.) - 같은 방법으로 100까지 세어서 각각의 십 자리에만 화살표 숫자를 놓는다. - 화살표 숫자를 10단위로 다 놓고 나면 화살표 숫자를 세어 보기도 하는데 1에서 100까지 중에 화살표 숫자만 차례대로 또는 반대로 세어 보기도 한다. • 이 작업은 '100체인 활동'이라고 알린다. • 화살표 숫자와 카운터, 100체인을 정리하여 제자리에 둔다.
흥미 요소	100 체인에 화살표를 맞추어 보는 것
실수정정	10단위로 화살표를 놓지 못할 때

변형 확대 및 응 용	아동이 화살표 대신 자신의 수의 라벨을 제작하여 10자리마다 놓고 수를 세어본다.	**지 도 상 의 유 의 점**
		활동에 필요한 수만큼만 화살표를 준비한다.
		관 찰 (아 동 평 가)
		100 체인에 화살표 숫자를 사용하고 수를 읽을 수 있는가?

활동(34)

주 제	세제곱 체인 (1000 체인) (Cube Chains)	대상 연령	만 4세반~5세
교 구	<ul><li>숫자 1~10까지의 세제곱을 만드는데 필요한 만큼의 구슬 막대기 체인</li><li>각 수의 세제곱 정육면체, -제곱체인의 화살표와 같은 화살표, 셈판</li><li>각 수의 세제곱 정육면체와 일치하는 비즈 제곱 판,</li></ul>		
목 적	직접	• 1000까지의 수를 건너뛰어 세기와 곱셈을 할 준비를 한다	
	간접	• 기계적 세기 능력의 개발, 비즈체인 제곱 판, 세제곱 정육면체간의 관계를 이해한다.	
선행학습	백판, 제곱체인		
언 어	1000 체인, 1~1000의 수		
교구제시			

활동과정 (상호작용)	*세제곱체인 (1000의 구슬 체인) -아동을 초대 및 교구 소개 제시 1) 감각적으로 제시 • 작업장소를 정하고 긴 매트를 깔고 1000의 구슬 줄을 가져와 매트위에 내려놓고, 쟁반에 백판 10개, 화살표 통, 카운터를 담아오게 하여 매트에 작업이 편리하도록 늘어놓는다. • 1000체인과 100판 구슬 10개의 크기를 비교한다. - 아동에게 구슬 줄의 한 끝을 잡고 있게 하고 천천히 늘어놓아 1000의 구슬 줄이 100의 구슬 줄보다 훨씬 더 길다는 것을 시각적으로 느낀다. - 10의 구슬을 지그재그로 말아서 100판을 만들고 크기와 촉감을 느껴보고 잠시 관찰한 후에 100구슬 판을 올려놓아서 같음을 비교한다. - 동일한 방법으로 나머지 체인을 가지고 10구슬 판 10개를 만들고 그때마다 100구슬 판을 함께 놓는다. - 마지막 10번째 100구슬판이 만들어지면 1000의 구슬 1개를 끝에다 놓는다. - 10개의 100구슬 판을 모두 쌓아서 1000의 구슬과 같음을 비교한다. - 1000큐브 놓은 곳에 쌓아놓은 100구슬판과 1000의 구슬을 손으로 감싸서 만져 보고 관찰한 후 아동에게 같음을 말해 준다. • 아동에게 오늘의 작업이 '1000 체인 또는 세제곱 체인'이라는 것을 알려준다. 제시 2) 화살표 숫자 • 1000 체인, 100체인, 화살표와 카운터를 가져와 매트위에 놓는다. • 1000체인을 늘어놓고 100체인 만큼씩 화살표 숫자를 색깔대로 나열한다. - 카운터로 10의 구슬을 누르며 "십"이라고 말하며 그 구슬의 밑에 10의 화살표를 놓는다. - 같은 방법으로 100까지 화살표를 놓는다. - 이번에는 100이 끝나는 자리에만 화살표를 놓는다. - 화살표 숫자가 놓여 져 있는 수만 건너뛰어서 세어 본다. • 10000체인, 100체인, 100판을 정리하여 제자리에 둔다.
흥미 요소	1000 체인에 화살표 숫자를 맞추어 보는 것
실수정정	100단위로 화살표를 놓지 못할 때

변형 확대 및 응 용	10단위 구슬과 100단위 구슬, 1000단위 구슬의 관계를 알아보기	지 도 상 의 유 의 점
		세제곱 체인의 구슬을 세면서 각 구슬막대의 끝에 알맞은 크기나 화살표나 제곱판을 놓고 세제곱 체인의 끝에는 세제곱인 정육면체를 놓는다.
		관 찰 (아 동 평 가)
		1000사슬에 화살표 숫자를 놓고 100의 배수를 셀 수 있는가?5

5. 암산과 추상화 작업

활동(35)

주 제	수 막대를 이용한 덧셈 (Addition with Number Road)		대상 연령	4세
교 구	수 막대, 수 카드, 등호 기호(-, + = 기호)			
목 적	직 접	• 덧셈과정을 이해할 수 있다. • 두 개의 수 막대를 이용하여 10을 만들 수 있다.		
	간 접	•10의 보수를 이해하고 4가지 연산작용의 준비를 한다.		
선행학습	수 막대와 수 카드, 수 카드, 수세기.			
언 어	수막대. 1~10 숫자 더하기			
교 구 제 시				

활동과정 (상호작용)	제시덧셈(수막대) 1) 10을 만드는 보수 • 교사가 수 막대를 운반하여 등급화하여 나열한다. • 10의 막대와 길이를 같게 할 수 있는 것이 무엇인지 찾아본다. - 9의 막대와 1의 막대를 합친다. - 1의 막대를 9의 막대 끝에 붙이고.10의 막대와 길이가 같은지 확인한다. - 8의 막대와 2의 막대, 7의 막대와 3의 막대, 6의 막대와 4의 막대를 똑같은 방법으로 합친다. - 5의 막대를 들고 아동에게 길이가 똑같은 막대를 가져오게 하여 합친다. 제시 1) 숫자와 기호 사용 • 아동을 불러 활동명과 교구를 알린다. • 매트를 깔고 매트위에 수막대를 등급화하여 나열한다. • 수막대를 숫자와 기호로 대신한다. - 매트 하단에 5의 막대를 가져다가 오른손 검지와 중지로 쓰다듬으며 '일, 이, 삼, 사, 오' 라고 세어보고 그 위에 숫자 5를 놓는다. - 4의 막대를 가져다가 같은 방법으로 세어보고 그 위에 숫자 4를 놓는다. - 4와 5의 막대사이에 1의 막대를 놓고 1의 막대 위에 숫자 1을 놓는다. - 숫자 4와 1의 사이에 '+'를 넣고, 4+1와 5사이에 '='를 넣고 수 막대를 치운다. - 9와 1막대, 8과 2막대, 7과 3막대, 6과 4막대, 5와 5막대도 위와 같은 방법으로 식을 만든다. • 교구정리 후 제자리에 갖다 놓는다.
흥미 요소	색깔의 변화, 길이
실수정정	수 막대의 길이와 색깔의 표시

		지 도 상 의 유 의 점
변형 확대 및 응 용	• 막대와 숫자판을 섞어놓고 막대에 맞는 숫자판을 찾아보기 • 가장 짧은 막대로 긴 막대의 마디를 세어보기	교구를 주는 까닭은 사고의 시간을 주기 위한 것이다. 막대를 다루는 방법을 사전에 지도한다.
		관 찰 (아 동 평 가)
		두 개의 막대를 이용하여 10을 만들 수 있는가?

활동(36)

주 제	줄무늬 덧셈판	대상 연령	5세~5세반
교 구	빨강색, 파랑색의 연필, 덧셈을 할 수 있는 종이, 덧셈 문제지 덧셈스트립 보드판(오른쪽은 빨강색, 왼쪽은 초록색으로 1~10이 적혀있다) 덧셈을 할 수 있는 빨강색, 파랑색의 막대		
목 적	직 접	•덧셈등식을 추상적 형태로 표현하기 위한 준비를 한다. •덧셈판을 이용하여 10을 만들 수 있다.		
	간 접	•10의 보수를 이해하고 4가지 연산작용의 준비를 한다.		
선행학습	수 막대를 이용한 덧셈, 등식을 읽기		
언 어	줄무늬, 1~10 숫자 더하기		
교구 제시			

활동과정
(상호작용)
	• 아동을 초대하여 활동명을 알려준다.
	• 매트를 깔고 덧셈판, **파랑색**, **빨강색** 자가 들어있는 **상자**를 옮겨온다.
	제시 1) 덧셈판 사용방법 안내
	• 덧셈판에 자를 사용하여 10을 만든다.
	  - 파랑색 자를 1~9 까지 덧셈판 왼쪽에, 빨강색 자를 그 오른쪽에 늘어놓기.
	  - 파랑색 자의 1을 덧셈판 1의 위에 놓고 빨강자의 9를 들어 '1더하기 9는 10'이라고 말하고 덧셈판 상단에 빨간색 자 끝에 있는 수가 답이 된다는 것을 확인한다.
	  - 위와 같은 방법으로 2와 8, 3과 7, 4와 6, 5와 5, 6과4, 7과 3, 8과 2, 9와 1을 맞추어 본다.
	  - 모든 짝 맞춤이 10의 보수가 된다는 것을 확인한다.
	제시 2) 문제 풀기
	• 문제지에 문제를 색연필로 종이에 쓴다.
	• 덧셈판을 이용하여 문제를 해결한다.
	  - 덧셈판 1의 위에 파란색 자를 먼저 놓고 어떤 빨간색 상자를 놓아야 빨간색 강자가 끝나는 곳의 수가 10이 되는지 찾아보고 답지에 적는다.
	  (예: 2 + □ = 10)
	  - 문제지를 뒤집어서 스스로 답을 확인한다.
	• 교구정리 후 제자리에 갖다 놓는다.

흥미 요소	덧셈 판에 파란 자, **빨간** 자를 맞추어 10을 만드는 일
실수정정	- 덧셈 스트립 보드의 나뉘어 진 칸 - 빨강색과 파랑색의 나무 막대의 길이 차

변형 확대 및 응 용	• 덧셈판위에 빨강자의 끝이 10에 오게 하고 알맞은 파란색 자를 찾아 본다. (예: □ + 3 = 10)	지 도 상 의 유 의 점
		교구를 주는 까닭은 사고의 시간을 주기 위한 것이다. 막대를 다루는 방법을 사전에 지도한다.
		관 찰 (아 동 평 가)
		덧셈판을 이용해서 10의 보수를 찾을 수 있는가?

활동(37)

주 제	덧셈 뱀 놀이 (Positive Snake Game)		대상 연령	5세
교 구	비즈 계단 2세트, 10개 짜리 구슬 막대 9개, 흑백 비즈 1세트, 셈판 카운터			
목 적	직 접	• 색 구슬 뱀을 만들고 10의 보수를 이해할 수 있다. • 4가지 연산 작용의 준비를 한다,		
	간 접	• 색 구슬을 세다가 알맞은 시점에서 색 구슬 막대를 10개짜리 구슬막대로 교환할 수 있다.		
선행학습	줄무늬를 이용한 덧셈			
언 어	덧셈 뱀놀이. 1~10 숫자 더하기			
교구 제시				

- 80 -

활동과정
(상호작용)
	* 덧셈 뱀놀이
	• 아동을 초대하여 활동 명을 알려준다.
	• 매트를 깔고 색구슬 상자, 금색구슬상자를 옮겨와 매트위에 놓는다.
	• 색구슬 계단(1~9)을 아동은 위가 1이 되도록 삼각형 모양으로 늘어놓고, 교사는 아래가 1이 되게 역삼각형 모양으로 늘어놓는다.
	• 색구슬로 꽃뱀을 만든다.
	  - 교사가 1의 구슬을 놓으면 아동은 9의 구슬을 놓고, 이어서 교사가 2의 구슬을 아동은 8의 구슬을 지그재그로 꺾어서 나열한다.
	  - 위와 같은 방법으로 3과 7, 4와 6, 5와 5, 6과 4, 7과 3, 8과 2, 9와 1을 나열하면 모양이 뱀처럼 되는 것을 설명하고 아동이 느끼게 한다.
	• 색구슬 꽃뱀을 금색 구슬 뱀으로 바꾸어 본다.
	  - 색구슬을 카운터로 세면서 10단위 마다 카운터를 끼워 놓은 상태에서 10개의 색 구슬과 1개의 금색구슬 십의 막대와 바꾸어 놓는다.
	  - 위와 같이 색 구슬을 금색구슬 십의 막대 10개와 바꾸어 놓는다.
	  - 색구슬 뱀이 금색구슬 뱀으로 바뀌었다는 것을 말로 확인시킨다.
	  - 제대로 바꾸었는지 확인하기 위해 원래의 색구슬을 다시 가져다가 10의 보수로 금색구슬 막대 밑에 늘어놓는다.
	• 이 작업이 '덧셈 뱀놀이' 임을 알린다.
	• 작업을 해 주어서 고맙다는 말을 하고 교구를 정리하여 제자리에 둔다.

흥미 요소	색구슬로 뱀만들기
실수정정	색구슬 뱀을 금색구슬로 바꾸는 것을 어려워 할 때.

변형 확대 및 응용	• 흑백구슬로 꽃뱀을 만들고 금색구슬과 색구슬로 확인해 보기	**지 도 상 의 유 의 점**
		교구를 주는 까닭은 사고의 시간을 주기 위한 것이다. 구슬의 수를 카운터로 하나하나 세도록 사전에 지도한다.
		관 찰 (아 동 평 가)
		색구슬 뱀을 만들고 10의 보수를 이해할 수 있는가?

활동(38)

주 제	색구슬 계단을 이용한 덧셈	대상 연령	5세
교 구	색구슬 계단, 셈판, 구구단 문제지, 연필, 금색구슬 10의 막대, 카운터, 숫자카드, 기호카드,		
목 적	직접	• 곱셈을 이해하는 기초를 다진다. • 곱셈의 교환법칙을 이해한다.	
	간접	• 4가지 연산 작용의 준비를 한다. • 색구슬 계단을 이용한 덧셈을 할 수 있다.	
선행학습	덧셈 뱀놀이, 비즈 체인		
언 어	색구슬 계단. 1~10 숫자 더하기		
교구제시			

활동과정
(상호작용)
	* 색구슬 계단을 이용한 덧셈
	제시 1) 5이하인 수의 덧셈
	• 아동을 초대하여 활동명을 알려준다.
	• 매트를 깔고 금색구슬상자, 문제지, 종이, 색연필, 숫자카드, 기호카드를 가져와 매트위에 놓는다.
	• .문제지에 문제 2+3의 과정을 설명한다.
	  – 문제지에 문제 2+3을 쓰고 2에 해당하는 구슬(초록색)을 꺼내어 매트위에 놓고 그 옆에 숫자카드 2를 놓는다.
	  – 2옆에 + 기호를 놓는다.
	  – 3개에 해당하는 구슬(분홍색)을 놓고 그 옆에 숫자카드 3을 놓는다.
	  – 모든 색구슬을 카운터로 세어 5개가 됨을 확인한다.
	  – "5는 2 + 3의 답"이라고 말하고 문제지에 답을 쓴다.
	• 이 작업이 '색구슬을 이용한 덧셈' 이라고 말한다.
	• 색구슬과 숫자카드, 기호카드를 상자에 넣고 교구장의 제자리에 놓는다.
	• 작업을 해 주어서 고맙다는 말을 하고 교구를 정리하여 제자리에 둔다.
	제시 2) 5이상 9이하인 수의 덧셈
	• 위와 같은 방법으로 문제를 해결한다.
	제시 3) 10이상인 수의 덧셈
	• 금색구슬 10막대를 이용하여 위와 같은 방법으로 문제해결을 한다.

흥미 요소	다양한 구슬의 색
실수정정	색구슬을 이용한 덧셈이 어려울 때

변형 확대 및 응 용	다양한 구슬을 이용하여 문제지를 보고 스스로 문제를 해결해 보고 답을 확인하기	**지 도 상 의 유 의 점**
		처음에는 5이하인 수의 덧셈문제를 제시하고 다음엔 5~9까지의 수, 그 다음엔 10이상인 수를 제시한다.
		관 찰 (아 동 평 가)
		색구슬 계단을 이용하여 덧셈을 할 수 있는가?

활동(39)

주 제	색 구슬 틀을 이용한 올림이 없는/있는 덧셈	대상 연령	만 6세
교 구	색 구슬틀(각 막대는 꼭대기에 1단위, 맨 아래에 1000단위로 10개의 유색구슬로 되어있다), 색연필, 종이, 문제집		
목 적	직 접	• 색 구슬틀을 이용해서 받아올림이 없는/있는 덧셈을 할 수 있다.	
	간 접	• 십진법체계에서의 추상화를 발전시킨다. • 수학적 정신을 개발한다.	
선행학습	우표를 이용한 받아올림이 없는/있는 덧셈, 소근육 운동		
언 어	색구슬틀, 일, 십, 백, 천		
교 구 제 시			

활동과정 (상호작용)	제시 1) 색 구슬틀의 올림있는 /없는 교육실시 • 색 구슬 틀의 모양을 설명한다. 　- 나무틀에 4개의 철사가 달려있고 철사마다 위에서부터 초록색(1자리), 파랑색(10자리), 빨강색(100자리), 초록색(1000자리)의 구슬이 10개씩 꿰어져 있다. 　- 왼쪽에는 흰색으로 단위표시가 되어 있으며 가족이라 부른다.(예:1단위 가족) • 색 구슬 틀을 금색구슬 교구와 비교하여 자리 값을 알게 한다. 　- 금색구슬 1의 자리는 색 구슬 틀 1의 자리에서 하나와 같다 　- 3단계 교수법으로 색 구슬 틀의 1의 자리를 소개한다. 　　(이것은 4이다. 4를 보여주겠니?, 이것은 무엇이니?) 　- 10의 자리, 100의 자리, 1000의 자리도 3단계 교수법으로 지도한다. 　- 531, 2376, 중간에 0이 있는 수(2007)을 만들어 보게 한다. 제시 2) 받아 올림이 없는 덧셈 • 1234+2345의 덧셈과정을 설명한다. 　- 색 구슬 틀에 1234를 놓게 한다. 　- 아동이 편한 방법으로 1의 자리 또는 1000의 자리부터 놓아도 된다. 　- 2345를 1의 자리부터 더하고 10, 100, 1000의 자리 순서로 더하게 한다. 　- 종이에 색연필로 문제를 적고 답을 쓴다. 제시3) 받아 올림이 있는 덧셈 • 4453 + 3418의 덧셈과정을 설명한다. 　- 색 구슬 틀에 4453을 놓게 한다. 　- 아동이 편한 방법으로 1의 자리 또는 1000의 자리부터 놓아도 된다. 　- 3418을 1의 자리부터 더하고 10, 100, 1000의 자리 순서로 더하게 한다. 　- 1의 자리 3과 8을 셀 때 양손을 이용해서 받아 올림을 한 후 1의 자리에 나머지 1을 놓는다. 　- 종이에 색연필로 문제를 적고 답을 쓴다. • 작업 후엔 정리하여 제자리에 놓는다.
흥미 요소	색 구슬틀 사용
실수정정	색 구슬틀의 자리를 구분하지 못할 때

변형 확대 및 응　용	문제집을 보고 아동의 수준에 따라 자율적으로 색 구슬틀을 이용하여 덧셈을 하기	**지 도 상 의 유 의 점**
		올림이 있는 덧셈을 할 때 손가락을 사용하는 것을 미리 지도한다.
		관 찰 (아 동 평 가)
		색 구슬틀을 이용해서 올림이 없는 /있는 덧셈을 할 수 있는가?

활동(40)

주 제	덧셈 챠트		대상 연령	5세
교 구	기초덧셈을 익히는데 사용되는 시각적/ 촉각적 챠트 6개 (덧셈 ,챠트1, 챠트2, 챠트3, 챠트4 챠트5, 챠트6) 덧셈 정정판 2개, 손가락 챠트4개, 문제 종이			
목 적	직 접	• 덧셈 챠트를 이용하여 두 개 수의 합을 구할 수 있다.		
	간 접	• 두 수의 합을 덧셈 챠트에서 찾아 낼 수가 있다 • 덧셈 기초 암산, 추상에 대한 준비를 한다.		
선행학습	이전의 덧셈활동, 시각적 인지활동, 소근육의 조정			
언 어	더하기, 덧셈 챠트			
교구 제시				

활동과정
(상호작용)
	• 챠트 1 소개 (덧셈챠트)
	  - 1+1에서 9+9까지 81개의 기본 덧셈작업을 할 수 있다.
	  - 연산관계를 알기 위해 통제 챠트를 활용한다.
	• 챠트 2 소개
	  - 덧셈의 교환법칙이 이루어지는 쌍 중 하나만을 포함하여 45개의 덧셈 작업을 할 수 있다.(그러므로 1+9는 있지만 9+1은 없다.)
	  - 주어진 값이 같은 연산식들이 가로 열에 배치된다.
	• 챠트 3 소개
	  - 아동이 직접하는 첫 번째 챠트로 가수 0~9까지는 파란색으로 꼭대기 가로줄에 쓰여 지고 빨강색은 왼쪽가에 쓰여 진다.
	• 챠트 4 소개
	  - 예를 들어 4+6을 할 때, 더하여지는 두 가수 4와 6을 양손으로 하나씩 짚은 뒤, 오른손으로는 첫 번째 가수 4는 끝까지 오른쪽으로 4칸 이동하고 가수 6은 수직으로 밑으로 6칸 이동한다.
	  - 수직으로 내려온 부분과 첫 번째 가수의 가로줄이 만나는 부분 10이 답이 된다.
	• 챠트 5 소개(네덜란드 아동이 발견한 챠트이다.)
	  - 더하여지는 두 가수를 양손으로 하나씩 짚은 뒤 오른쪽으로 끝까지 이동한다.
	  - 끝점에서 대각선 가운데 쪽으로 같은 칸 수 만큼 뛰어서 만나는 점이 답이다.
	• 챠트 6 소개
	  - 테스트를 목적으로 하는 챠트로 가로 파란색 윗줄의 숫자와 새로 빨강색 왼쪽 줄과 만나는 점에 두 수의 덧셈결과를 숫자타일로 놓는다.
	• 교구를 정리하여 제자리에 놓는다.

흥미 요소	다양한 챠트를 이용한 덧셈 연산
실수정정	정답 챠트를 이용하여 실수를 정정하지 못할 때
변형 확대 및 응 용	아동 능력에 따라 단순 셈에서 점차 확대시킨다.(문제를 자기 스스로 만들어 본다.)	**지 도 상 의 유 의 점** 아동이 챠트를 사용하기 위해 종이판 위에 문제가 있는 바구니를 놓는다. **관 찰 (아 동 평 가)** 덧셈챠트의 바른 사용법을 알고 덧셈의 이치를 이해하는가?

활동(41)

주 제	덧셈 암산을 위한 뱀놀이	대상 연령	6세
교 구	색구슬, 금색구슬 10의 막대, 흑백구슬, 카운터		
목 적	직접	• 10이상인 덧셈 암산과 2개 이상의 가수에 의한 덧셈문제를 할 수 있다.	
	간접	• 4가지 연산 작용의 준비를 한다.	
선행학습	덧셈 뱀놀이		
언 어	암산. 뱀놀이		
교구 제시			

- 88 -

활동과정
(상호작용)
	* 덧셈 암산 뱀놀이
	• 아동을 초대하여 활동명을 알려주고. 매트를 깔고 흑백구슬을 역삼각형 모양으로 늘어놓는다.
	• 6+7+3+2+4+5의 문제를 제시한다.
	  - 색구슬을 이용하여 주어진 문제의 숫자를 순서대로 뱀처럼 늘어놓는다.
	  - 먼저 6+7의 결과는 무엇인지 카운터로 세어 13임을 확인한다.
	  - 6과 7의 색깔 구슬을 금색구슬 10막대와 흑백구슬 3으로 바꾸어 놓는다.
	  - 다시 셀 때는 흑백구슬 3부터 세어 다시 10이 되면 먼저 놓은 흑백구슬 3을 빼고 금색구슬 10막대와 흑백구슬 2를 놓는다.(6+7+3+2+4의 계산)
	  - 흑백구슬 2와 남아있는 가수 5를 7의 자리 색구슬 로 바꾸어 놓는다.
	  - 모두 바꾸면 금색구슬 10막대 2개와 7의 자리 색구슬이 됨을 확인한다.
	  - 10이 되어 금색구슬 10막대로 바꾼 색구슬은 매트의 좌측하단에 나열하고 사용했던 흑백구슬은 본래의 자리에 놓는다.
	  - 제대로 바꾸었는지 확인하기 위해 금색구슬 10막대 옆에 밑에 나열해 두었던 색구슬을 10의 보수로 늘어놓는다.
	• 이 작업이 '덧셈 뱀놀이' 임을 알린다.
	• 작업을 해 주어서 고맙다는 말을 하고 교구를 금색구슬, 흑백구슬, 색구슬의 순서로 정리하여 제자리에 둔다.

흥미 요소	색구슬의 색깔이 금색구슬로 바뀌는 모양
실수정정	흑백구슬을 사용하는 방법을 어려워 할 때.

변형 확대 및 응 용	흑백구슬로 꽃뱀을 만들고 금색구슬과 색구슬로 확인해 보기	지 도 상 의 유 의 점
		색깔구슬을 황금구슬과 흑백구슬로 바꾸어 놓을 때 서로의 개수가 맞는지 확인한다.
		관 찰 (아 동 평 가)
		10이상의 덧셈 암산을 뱀놀이로 할 수 있는가?

활동(42)

주 제	색구슬 계단을 이용한 곱셈	대상 연령	5세
교 구	색구슬 계단 상자, 구슬막대 상자, 곱셈챠트 1, 숫자카드, 기호카드, 문제지, 색연필		
목 적	직 접	• 곱셈과정 이해 및 기본 곱셈을 외울 수 있다.	
	간 접	• 곱셈의 교환 특징을 이해한다.	
선행학습	일 대 일 대응으로 셈하기		
언 어	색구슬 계단. 곱하기		
교 구 제 시			

활동과정 (상호작용)	• 메트를 깔고 활동명과 교구를 알려준다. • 아동을 초대하여 오늘은 곱셈에서 1단을 할 것을 알려준다. - 1×1은 1이다. 구슬 1개를 놓으며 "1의 구슬이 1번 있으면 1이 된다" - 1×2=2. "1의 구슬이 2번 있으면 2가 된다"고 말하고 구슬 2개를 놓는다. - 위와 같이 1×3, 1×4, 1×5가 끝나면 "1×5를 보여 주겠니?"라고 확인한다. - 위와 같은 방법으로 1×10까지 계속해서 한다. - 답이 되는 빨강색 구슬을 수가 맞는 색비즈로 바꾸어 놓는다. • 곱셈 4단 하기 - 4×1은 4이다. 구슬 4개를 놓으며 "4의 구슬이 1번 있으면 4"이 된다고 말하고 빨강구슬 대신 4의구슬(노랑색)1개와 바꾸어 놓는다. - 4×2는 8이다. "4의 구슬(노랑색)이 2번 있으면 8이 된다"고 말하고 매트위에 4의 구슬을 2개를 수직 나열한다. 4×3은 3개를 수직 나열한다. - 4×4는 16이다. "4의구슬(노랑색)이 4번 있으면 16이 되고 된다" 고 말하고 정사각형이 되었음을 확인시킨다. - 위와 같은 방법으로 4×10까지 계속해서 한다. • 위와 같은 방법으로 10단을 설명한다. • 이 작업이 '색구슬 계단을 이용한 곱셈' 이라고 말한다. • 작업을 해 주어서 고맙다는 말을 하고 교구를 정리하여 제자리에 둔다.
흥미 요소	구슬의 색의 아름다움
실수정정	색구슬로 곱셈의 기초를 이해하지 못할 때

변형 확대 및 응 용	문제집에서 문제를 보고 식에 맞는 구슬을 놓아보기	**지 도 상 의 유 의 점**
		매트위에 지시된 수대로 정렬하여 제시하게 한다.
		관 찰 (아 동 평 가)
		색 구슬을 이용하여 곱셈을 제시할 수 있는가?

활동(43)

주 제	곱셈판	대상 연령	5세
교 구	10단위 10줄로 100개 구멍이 있는 나무판, 곱셈정정판(구구단), 빨간 디스크, 빨간구슬, 구슬막대 상자, 곱셈챠트, 문제지, 색연필		
목 적	직 접	• 곱셈판을 사용하여 곱셈을 할 수 있다.	
	간 접	• 곱셈 외우기, 추상에의 발전과 기본곱셈식을 이해할 수 있다.	
선행학습	곱셈의 소개활동, 금색구슬로 곱셈하기		
언 어	곱셈판		
교구제시			

- 92 -

활동과정 (상호작용)	제시 1) 곱셈판 • 곱셈판을 소개한다. – 1×1에서 10×10까지 할 수 있는 숫자가 담겨 있다. • 2단을 설명한다. – 왼쪽에 2단 슬라이드를 끼운다.(2×1에서 2를 말함) – 2×1은 2이다. 1위에 스키틀을 놓고 빨강색 구슬 2개를 끼운 후 "2를 1번 더한 것은 2이다"라고 확인시키고 치운다. – 2×2는 4이다. 2위에 스키틀을 놓고 빨강색 구슬 4개를 끼운 후 "2를 2번 더한 것은 4이다"라고 확인하고 구슬을 치운다. – 위와 같이 계속 작업하여 지금 놓았던 구슬을 치우지 않아도 2×8=16 구슬을 16개 놓아야 됨을 알게 되면 그 뒤엔 치우지 않고 2개씩만 더 추가한다. – 아동이 치우지 않고 해도 아동이 이미 2씩 늘어난다는 것을 알고 있기 때문에 그대로 하도록 한다. 제시 2) 곱셈 정정판 • 곱셈 정정판은 문제를 해결 후 답을 맞출 때 쓰인다는 것을 알린다. • 교구를 정리하여 제자리에 둔다.
흥미 요소	곱셈판에 구슬을 일일이 놓아보는 것
실수정정	교구를 바르게 사용하고 정확한 갯수의 구슬을 끼우지 못할 때

변형 확대 및 응 용	곱셈판을 이용한 다양한 문제를 만들고 해결하기 풀기	지 도 상 의 유 의 점
		구슬을 구멍에 넣을 때 소근육을 발달시킴을 강조한다.
		관 찰 (아 동 평 가)
		사용할 수대로 구슬을 구멍에 정확히 넣었는가?

활동(44)

주 제	곱셈 챠트	대상 연령	5세
교 구	곱셈 챠트 5가지, 작은 빈 종이 쪽		
목 적	직 접	곱셈 챠트를 이용하여 1~10까지의 두 수의 곱을 찾을 수 있다.	
	간 접	곱셈 기초 암산, 추상에 대한 준비, 곱셈 교환법칙의 강화를 한다.	
선행학습	덧셈의 교환법칙		
언 어	곱하기, 더하기, 곱셈 챠트, 교환하기		
교구제시			

- 94 -

활동과정
(상호작용)
	제시 1) 곱셈 챠트
	• 곱셈 챠트를 소개하기
	  - 정정판 확인 작업으로 사용한다.
	• 곱셈 챠트를 보고 곱셈의 답을 찾기
	  - 1×1은 어디에 있니? 또 있니?
	  - 4×4는 어디에 있니? 또 있니?
	• 곱셈 챠트를 이용하여 문제해결하기
	  - 문제상자에서 임의의 문제(4×3)을 뽑는다.
	  - 자기 종이에 피승수 4는 빨강색, 승수 3은 파랑색으로 문제를 적는다.
	  - 곱셈 챠트에서 왼손은 빨강 4에 두고 오른손은 파랑 3에 두고 밑으로 내려와 답을 찾아 문제지에 적는다.
	• 제2 타일 늘어놓기
	  - 문제를 주고 위치를 찾아 수타일을 놓는다.
	  - 공책에 문제를 쓰고 답을 적는다.
	  - 아동 스스로 문제를 골라 수 티일을 찾아 위치에 찾아 놓는다.
	  - 챠트 3으로 스스로 답을 확인한다.
	• 교구를 정리하여 제자리에 놓는다.

흥미 요소	곱셈 챠트의 새로움을 보는 것
실수정정	도표를 익숙하게 사용하지 못할 때

변형 확대 및 응 용	아동 능력에 따라 단순 셈에서 점차 확대시킨다.(문제를 자기 스스로 만들어 본다.)	**지 도 상 의 유 의 점**
		처음에 각 챠트의 사용방법을 아동에게 정확하게 알려준다.
		관 찰 (아 동 평 가)
		정확한 숫자에 손가락을 놓고 곱셈결과를 확인할 수 있는가?

활동(45)

주 제	곱셈 뱀놀이	대상 연령	6세
교 구	색구슬 , 금색구슬 10의 막대, 흑백구슬, 카운터		
목 적	직 접	• 흑백구슬을 이용하여 곱셈을 할 수 있다.	
	간 접	• 곱셈의 준비를 한다.	
선행학습	덧셈 뱀놀이		
언 어	암산. 뱀놀이		
교구 제시			

활동과정 (상호작용)	*곱셈 뱀놀이 (아동을 초대하여 활동명을 소개) • 매트를 깔고 금색구슬 10의 막대 상자를 놓고 색구슬과 흑백구슬은 꺼내서 역삼각형 모양으로 늘어놓는다. • 9 × 5 의 문제를 제시한다. 　- 9개짜리 색구슬을 5개를 뱀처럼 늘어놓는다. 　- 카운터로 10개씩 세어 금색구슬 10막대를 놓고 흑백구슬 8을 놓는다. 　- 다시 셀 때는 흑백구슬 부터 세어 다시 10이 되면 먼저 놓은 흑백구슬 8을 빼고 금색구슬 10막대를 또 놓고 흑백구슬 7을 놓는다. 　- 색구슬을 금색구슬 10막대로 모두 바꾸면 금색구슬 10막대 4개와 5의 자리 색구슬이 됨을 확인한다. 　- 10이 되어 금색구슬 10막대로 바꾼 색구슬은 매트의 좌측하단에 나열하고 사용했던 흑백구슬은 본래의 자리에 놓는다. 　- 제대로 바꾸었는지 확인하기 위해 금색구슬 10막대 옆에 밑에 나열해 두었던 색구슬을 10의 보수로 늘어놓는다. • 이 활동이 '곱셈 뱀놀이' 임을 알린다. • 작업을 해 주어서 고맙다는 말을 하고 교구를 금색구슬, 흑백구슬, 색구슬의 순서로 정리하여 제자리에 둔다.
흥미 요소	색 구슬의 색깔이 금색구슬로 바뀌는 모양
실수정정	흑백구슬을 사용하는 방법을 어려워 할 때.

변형 확대 및 응　　용	흑백구슬로 꽃뱀을 만들고 금색구슬과 색구슬로 확인해 보기	지 도 상 의 유 의 점
		색깔구슬을 황금구슬과 흑백구슬로 바꾸어 놓을 때 서로의 개수가 맞는지 확인한다.
		관 찰 (아 동 평 가)
		뱀놀이로 곱셈을 할 수 있는가?

활동(46)

주 제	색 구슬 틀을 이용한 곱셈	대상 연령	만 6세
교 구	색구슬틀(각 막대는 꼭대기에 1단위, 맨 아래에 1000단위로 10개의 유색구슬로 되어있다), 색연필, 종이, 문제집		
목 적	직 접	• 색구슬 틀을 이용해서 곱셈을 할 수 있다.	
	간 접	• 십진법체계에서의 추상화를 발전시킨다. • 암산의 준비를 한다.	
선행학습	색구슬틀을 이용한 덧셈, 소근육 운동		
언 어	색구슬틀, 일, 십, 백, 천		
교구제시			

활동과정
(상호작용)
	* 색구슬을 곱셈
	제시 1) 풀어서는 하는 곱셈
	• 2465 × 3의 곱셈과정을 설명한다.
	  - 일의 자리부터 계산한다. 5×3은 무엇이지? 15입니다.
	  - 아동이 구슬 틀에 15를 놓는다.
	  - 십의 자리를 계산한다. 6×3은 무엇이지? 18입니다.
	  - 십의 자리를 곱했으므로 구슬 틀에 0을 1개 붙여 180을 놓는다.
	  - 백의 자리를 계산한다. 4×3은 무엇이지? 12입니다.
	  - 백의 자리를 곱했으므로 구슬틀에 0을 2개 붙여 1200을 놓는다.
	  - 천의 자리를 계산한다. 2×3은 무엇이지? 6입니다.
	  - 천의 자리를 곱했으므로 구슬틀에 0을 3개 붙여 6000을 놓는다.
	  - 색 구슬 틀에 놓여진 숫자를 읽게 한다. (7395입니다.)
	  - 2465 × 3 = 7395가 됨을 확인시킨다.
	제시 2) 곱셈문제 풀기
	• 문제지에서 곱셈을 선택하여 빈 종이에 색연필로 적는다.
	• 색 구슬 틀을 이용하여 위와 같은 방법으로 곱셈을 한다.
	• 문제지 뒤에 있는 정답을 보고 스스로 답을 확인한다.
	• 작업 후엔 정리하여 제자리에 놓는다.

흥미 요소	색 구슬틀 사용
실수정정	색 구슬틀의 자리를 구분하지 못할 때

변형 확대 및 응용	문제를 직접 만들어 보고 아동의 수준에 따라 자율적으로 색 구슬 틀을 이용하여 곱셈을 연습하기	**지도상의 유의점**
		10, 100, 1000의 자리를 곱할 때는 0이 몇 개 붙는지 그 이유를 알게 하고 확인을 지도한다.
		관찰 (아동평가)
		색 구슬 틀을 이용해서 곱셈을 풀어서 할 수 있는가?

활동(47)

주 제	수 막대를 이용한 뺄셈	대상 연령	5세
교 구	막대 판, 막대(빨강, 파랑)		
목 적	직 접	막대판과 막대를 사용하여 곱셈을 할 수 있다.	
	간 접	큰 수의 뺄셈에 능숙해진다.	
선행학습	금색구슬로 뺄셈하기		
언 어	감수, 피감수		
교구 제시			

활동과정 (상호작용)	• 매트를 깔고 수막대를 옮겨온다. • 빨강막대와 파랑막대를 등급화 하여 늘어놓는다. • 수막대를 사용한 10-9의 계산방법을 설명한다. - '10의 막대를 놓고 10의 막대에서 9의 막대를 빼면 무엇이 남을까?' - 1의 파랑막대를 9의 빨강막대 옆에 놓고 1이 남음을 확인한다. - 또는 10의 막대에서 1을 빼면 9가 남음을 확인한다. | 10 | | 9 | 1 | • 수 막대를 사용한 10-5의 계산방법을 설명한다. - '10의 막대를 놓고 10의 막대에서 5의 막대를 빼면 무엇이 남을까?' - 5의 파랑막대를 5의 빨강막대 옆에 놓아 보고 5가 남음을 확인한다. - 10의 막대에서 5 빼면 5가 남음을 확인한다. | 10 | | 5 | 5 | • 오늘의 활동명은 수막대를 이용한 뺄셈임을 이야기하고 같이 해 주어서 고맙다고 인사한다. • 교구를 정리하여 제자리에 둔다.
흥미 요소	수막대로 뺄셈을 하는 것
실수정정	수막대를 바르게 사용하지 못할 때

변형 확대 및 응 용	• 규칙을 발견하기 (감수가 작아지면 답은 반대로 커짐을 알 수 있다) • 교사가 문제를 만들어 주거나 스스로 많이 만들어 보게 한다.	**지 도 상 의 유 의 점**
		막대를 다룰 때 조심성 있게 작업한다.
		관 찰 (아 동 평 가)
		수막대를 이용해서 뺄셈을 할 수 있는가?

활동(48)

주 제	뺄셈판과 뺄셈 챠트	대상 연령	6세
교 구	뺄셈 판, 막대(빨강, 파랑, 갈색), 문제지, 종이, 색연필, 뺄셈 챠트.		
목 적	직 접	• 뺄셈판과 막대를 사용하여 뺄셈을 할 수 있다.	
	간 접	• 큰 수의 뺄셈에 능숙해진다.	
선행학습	금색구슬로 뺄셈하기.		
언 어	감수, 피감수		

교구제시
(뺄셈판 그림: 18~9 열과 -1~-9 행, 각 행에 9 8 7 6 5 4 3 2 1 0 배열)

	18	17	16	15	14	13	12	11	10	9
-9	9	8	7	6	5	4	3	2	1	0
-8		9	8	7	6	5	4	3	2	1	0
-7			9	8	7	6	5	4	3	2	1	0
-6				9	8	7	6	5	4	3	2	1	0
-5					9	8	7	6	5	4	3	2	1	0
-4						9	8	7	6	5	4	3	2	1	0
-3							9	8	7	6	5	4	3	2	1	0
-2								9	8	7	6	5	4	3	2	1	0
-1									9	8	7	6	5	4	3	2	1	0

활동과정 (상호작용)	• 아동초대 및 매트를 깔고 뺄셈판과 막대, 뺄셈 챠트를 가져온다. 제시 1) 뺄셈판과 막대 • 뺄셈판과 막대를 이용한 뺄셈하기 　- 뺄셈판과 막대를 늘어놓는다. 　- 뺄셈판은 1~18까지 숫자가 쓰여 있다. 　- 아동이 뽑은 문제를 제시한다. (14-9) 　- 갈색막대로 18~14까지 가린다. 　- 파란 막대(감수에 사용)를 14~9까지 놓고 나머지는 빨간 막대(남는 수에 사용)를 놓는다. 　- 이 때 막대의 위치는 숫자를 가려도 되고 가리지 않아도 된다. 　- 빨간 막대의 수 5가 답이다. 종이에 문제를 적고 답을 쓴다. 　　14 - 9 = 5 제시 2) 뺄셈 챠트 1 • 뺄셈 챠트 1은 답을 검사하는데 사용한다. 　- 문제지에서 문제(12-5)를 꺼내 종이에 쓴 후 왼손 검지로 가로 수 12를, 왼손 검지로 세로 수 5를 가리켜 오른손은 아래로 왼손은 옆으로 움직여 교차하는 난의 숫자 7이 답이 된다. 　- 챠트 1에서 답을 확인한다. • 오늘의 활동명은 '수 막대를 이용한 뺄셈' 이다. • 교구를 정리하여 제자리에 둔다.
흥미 요소	뺄셈판과 막대로 뺄셈하기
실수정정	막대를 바르게 사용하지 못할 때

변형 확대 및 응 용	• 규칙을 발견하기 (감수가 작아지면 답은 반대로 커짐을 알 수 있다) • 교사가 문제를 만들어 주거나 스스로 많이 만들어 보게 한다.	**지 도 상 의 유 의 점**
		막대를 사용할 때 조심성 있게 다룬다.
		관 찰 (아 동 평 가)
		뺄셈 판을 이용해서 뺄셈을 하고 뺄셈 챠트를 보고 답을 확인할 수 있는가?

활동(49)

주 제	뺄셈 종이판	대상 연령	6세
교 구	뺄셈 종이판, 준비된 문제, 감수의 종이판, 파란종이, 빨간 종이, 색연필, 종이, 뺄셈 챠트		
목 적	직접	• 뺄셈 종이판으로 뺄셈을 할 수 있다.	
	간접	• 뺄셈의 추상적 계산을 준비할 수 있다.	
선행학습	금색구슬로 뺄셈하기, 덧셈 막대판		
언 어	감수, 피감수		
교구 제시			

- 104 -

활동과정 (상호작용)	• 뺄셈 종이판 제시 1) 뺄셈 종이판 • 매트를 깔고 뺄셈 종이판을 소개한다. 　- 18줄이 정렬된 사각형 틀이다. 　- 종이 꼭대기를 가로질러 사각으로 1~18까지 숫자가 쓰여 있다. 　- 1~9까지는 파랑색으로 쓰여 있다. 　- 수직으로 파란 선은 9번째 줄 다음에 종이판을 나눈다. 　- 1~9까지 수가 있는 파란 종이는 감수에 사용된다. 　- 1~9까지 수가 있는 빨간 종이는 수차에 사용된다. 　- 나무판은 주어진 문제에 필요치 않은 판의 부분을 차단하는데 사용된다. 　　(피감수) 　- 뺄셈 챠트 1은 답을 검사하는데 사용한다. 제시 2) 뺄셈 문제 풀기 　- 아동이 뽑은 문제를 제시한다. (14-9) 　- 나무판으로 18-15 까지 가린다. 　- 파란 종이판(감수에 사용)을 놓고 나머지는 빨간종이 판(남는 수에 사용)을 놓는다. 　- 이 때 나무판의 위치는 숫자를 가려도 되고 가리지 않아도 된다. 　- 빨간 종이판의 수 5가 답이다. 종이에 문제를 적고 답을 쓴다. 　　14 - 9 = 5 • 뺄셈 챠트 1로 답을 확인한다. • 오늘의 활동명은 '종이판을 이용한 뺄셈'임을 이야기하고 같이 활동해 주어서 고맙다고 인사한다. • 교구를 정리하여 제자리에 둔다.
흥미 요소	뺄셈 종이판으로 뺄셈하기
실수정정	감수, 피감수의 구분이 되지 않을 때

변형 확대 및 응 용	• 규칙을 발견하기 (감수가 작아지면 몫(답)은 반대로 커짐을 알 수 있다) • 능력별로 만들어 활동하게 한다.	
		지 도 상 의 유 의 점
		종이나 색 카드를 오릴 때 다치지 않게 주의한다.
		관 찰 (아 동 평 가)
		뺄셈 종이판을 이용해서 뺄셈을 할 수 있는가?

활동(50)

주 제	뺄셈 뱀놀이	대상 연령	6세
교 구	색구슬, 금색구슬 10의 막대, 흑백구슬, 회색구슬, 카운터		
목 적	직 접	• 뱀놀이 뺄셈을 통하여 뺄셈과정을 이해할 수 있다.	
	간 접	• 암산의 준비를 한다.	
선행학습	덧셈 뱀 놀이		
언 어	암산, 뱀놀이		
교구제시			

- 106 -

활동과정
(상호작용)
	* 뺄셈 뱀놀이
	• 아동을 초대하여 활동명과 교구를 알려준다.
	• 매트를 깔고 금색구슬 10의 막대 상자를 놓고 색 구슬과 흑백구슬은 꺼내서 역삼각형 모양으로 늘어놓는다.
	• 회색구슬에 대해 소개한다.
	  - 회색구슬은 5까지는 흐리고 6부터는 진하다.
	  - 회색구슬은 감수에 사용한다.
	• 5 + 8 - 9 의 문제를 제시한다.
	  - 5의 자리와 8의 자리 색 구슬을 뱀처럼 늘어놓는다.
	  - 처음부터 카운터로 세다가 5와 8은 10이 넘으므로 금색구슬 10의 막대 1개와 바꾸어 놓고 흑백구슬 3을 놓는다.
	  - 감수 (9)는 뒤로 가는 것이므로 9의 회색구슬을 10의 금색구슬 막대와 맞대어 본 후 9만큼 덜어내려면 자를 수가 없으므로 남는 1개 수만큼 흑백구슬을 놓으면 흑백구슬은 4개가 된다.
	  - 5 + 8 - 9 = 4가 되었음을 확인한다.
	• 이 작업이 '뺄셈 뱀 놀이' 임을 알린다.
	• 작업을 해 주어서 고맙다는 말을 하고 교구를 금색구슬, 흑백구슬, 회색구슬, 색구슬의 순서로 정리하여 제자리에 둔다.

흥미 요소	여러 가지 구슬의 색깔로 변해가는 모습
실수정정	회색구슬을 사용하는 방법을 어려워 할 때.

변형 확대 및 응 용	흑백구슬로 꽃뱀을 만들고 식으로 표현해 보기	지 도 상 의 유 의 점
		뺄셈 뱀놀이시 처음에는 세는 것을 가재게 하고는 구체물이 없이 암산으로 한다.
		관 찰 (아 동 평 가)
		뺄셈 뱀 놀이를 통하여 뺄셈과정을 알 수 있는가?

활동(51)

주 제	색 구슬 틀을 이용한 뺄셈	대상 연령	만 6세
교 구	색 구슬 틀(각 막대는 꼭대기에 1단위, 맨 아래에 1000단위로 10개의 유색구슬로 되어있다), 색연필, 종이, 문제집		
목 적	직접	• 색 구슬 틀을 이용해서 뺄셈을 할 수 있다.	
	간접	• 십진법체계에서의 추상화를 발전시킨다. • 암산의 준비를 한다.	
선행학습	색구슬틀을 이용한 덧셈, 소근육 운동		
언 어	색구슬틀, 일, 십, 백, 천		
교구 제시			

활동과정 (상호작용)	* 색 구슬틀의 뺄셈 제시 1) 받아 내림이 없는 덧셈 • 9435 - 7321의 뺄셈과정을 설명한다. 　- 문제에서 감수를 가리고 9435를 보여준 뒤 읽고 종이에 색연필로 피감수를 적는다. 　- 색 구슬 틀에 9435를 놓게 한다. 　- 감수 7321을 보여주고 읽게 한 후 종이에 색연필로 감수를 적는다. 　- 9435에서 1의 자리부터 빼고 10, 100, 1000의 자리 순서로 빼게 한다. 　- 답을 쓴다. 제시 2) 받아 내림이 있는 뺄셈 • 4352 - 1735의 뺄셈과정을 설명한다. 　- 문제에서 감수를 가리고 4352를 보여준 뒤 읽게 한 후 종이에 색연필로 피감수를 적고 구슬 틀에 4352를 놓게 한다. 　- 감수 1735을 보여주고 읽게 한 후 종이에 색연필로 감수를 적는다. 　- 4352에서 1의 자리에서 2부터 빼고 10의 자리 1개를 꿔오면서 손가락으로 10개를 표시한다. (13 - 7 = 6) 　- 10개의 손가락에서 3, 4, 5라고 세면서 빼면 남는 수가 7개이다. 　- 10의 자리는 3을 덜어낸다. (40 - 30 = 10) 　- 100의 자리는 먼저 3을 빼고, 1000의 자리 1개를 꿔오면서 손가락으로 10개를 표시하고 4, 5, 6, 7하면서 4개를 빼면 6개가 남는다.(1300 - 700 = 600)이 된다. 　- 1000의 자리는 3000에서 1000을 덜어내면 2000이 남는다. 　- 4352 - 1735 = 2617의 답은 을 쓴다. 　- 종이에 색연필로 문제를 적고 답을 쓴다. • 작업 후엔 정리하여 제자리에 놓는다. • 작업 후엔 정리하여 제자리에 놓는다.
흥미 요소	색 구슬 틀 사용
실수정정	구슬을 수만큼 세지를 못할 때

변형 확대 및 응　용	문제집을 보고 아동의 수준에 따라 자율적으로 색 구슬 틀을 이용하여 뺄셈을 연습하기	지 도 상 의　유 의 점
		10개자리 구슬을 윗(10자리) 1개와 바꿔오기를 할 때 양손을 이용하여 맞바꾸기를 하게 한다.
		관 찰 (아 동 평 가)
		색 구슬 틀을 이용해서 받아 내림이 없는/있는 뺄셈을 할 수 있는가?

활동(52)

주 제	나눗셈판과 나눗셈 챠트	대상 연령	6세
교 구	9개의 구멍 안에 꼭대기를 가로질러 초록색 직사각형이 있는 나무판, 초록색 핀들, 81개 초록구슬 세트, 문제지, 빈종이, 색연필,		
목 적	직접	• 나눗셈 판을 이용하여 나눗셈의 몫을 찾을 수 있다.	
	간접	• 나눗셈 과정과 나눗셈 방정식을 이해한다.	
선행학습	금색구슬로 나눗셈하기, 우표놀이와 나눗셈		
언 어	갯 수, 나눗셈 판		
교구제시			

활동과정
(상호작용)
	*나눗셈과과 나눗셈 챠트
	• 매트를 깔고 교구를 가져온다.
	제시 1) 나눗셈 판의 활용
	• 나눗셈 판을 활용하여 81 ÷ 9를 해결하기
	  - 나눗셈 판을 81개의 초록색 구슬로 모두 채운다.
	  - 스키틀 9개를 위의 초록색 직사각형에 모두 다 채운다.
	  - 문제를 쓴다. 81 ÷ 9
	  - 한사람이 가진 몫이 몇 개인지 세어 본다. (9개)
	  - 나머지는 난쟁이스키틀 보다 많지 않음을 유의 한다..
	  - 80 ÷ 9는 할 수 있는가? (8개씩 갚고 8개 남는다).
	  - 80 ÷ 8 은 할 수 있는가 ? (이 판으로 할 수 없다)
	  - 다시 구슬을 81개 채우고 계속 계산을 한 후 답을 쓴다.
	제시 2) 나눗셈 챠트
	• 나눗셈 챠트 1은 답을 검사하는데 사용한다.
	  - 문제지에서 문제(40÷8)를 꺼내 종이에 쓴 후 왼손 검지로 가로 수 40을, 왼손 검지로 세로 수 8를 가리키고 오른손은 아래로 왼손은 옆으로 움직여 교차하는 난의 숫자 5가 답이 된다.
	  - 나눗셈 챠트 1에서 답을 확인한다.
	• 오늘의 활동명은 '나눗셈 판을 이용한 나눗셈'임을 확인한다.
	• 교구를 정리하여 제자리에 둔다.

흥미 요소	나눗셈판에 구슬을 채워놓을 때
실수정정	나눗셈 판에서 나눗셈하는 것이 서툴 때

변형 확대 및 응 용	나눗셈 판으로 여러 가지 문제를 풀고 나눗셈 챠트로 정답을 스스로 확인하기	지 도 상 의 유 의 점
		나눗셈 판에 구슬을 채워놓는 활동은 소 근육 활동에 좋은 효과가 있다.
		관 찰 (아 동 평 가)
		나눗셈 판을 이용해서 나눗셈을 할 수 있는가?

활동(53)

주 제	1단위 나눗셈 판으로 긴 나눗셈하기	대상 연령	6세
교 구	-1단위 나눗셈 판, 초록색 직사각형이 있는 나무판 틀, -선반위의 시험관 10개 -초록색, 파랑색, 발강 색 구슬 등, 문제지, 빈 종이, 색연필,		
목 적	직 접	• 피제수가 1의 자리이상인 나눗셈을 할 수 있다.	
	간 접	• 나눗셈 과정과 나눗셈 방정식을 이해한다.	
선행학습	1단위 나눗셈 판		
언 어	시험관, 선반, 제수		
교구제시			

활동과정 (상호작용)	* 1단위 나눗셈 판 1) 받아 내림이 없는 나눗셈 • 963 ÷ 3의 계산 - 초록, 파랑, 빨강의 시험관 속의 구슬이 각각 10개인지 확인하고 세어서 1단위는 초록색 그릇에 3개, 10단위는 파랑 그릇에 6개, 100단위는 빨강 그릇에 9개를 담아 시험관과 계산 판의 가운데에 놓는다. - 녹색의 작은 사람 3개를 나눗셈판 위에 나란히 놓는다. - 100자리부터 9개는 3사람에게 나눠 계산 판에 놓고 빨강그릇을 엎어놓기. - 10자리 6개와 1자리 3개도 위와 같은 방법으로 3사람에게 나누어 준다. - 1사람 몫을 세어보면 321이 됨을 알 수 있다. - 963 ÷ 3 = 321이라고 빈 종이에 색연필로 문제를 쓰고 답을 쓴다. 제시 2) 받아내림과 나머지가 있는 나눗셈 • 462 ÷ 4의 계산과정을 설명한다. - 초록색 4개, 파랑색 6개, 빨강색 2개의 구슬을 각각의 그릇에 넣는다. - 녹색의 작은 사람 4개를 나눗셈판 위에 나란히 놓는다. - 100자리부터 4개는 4사람에게 나누어서 계산판에 놓고 빨강그릇을 엎어 놓는다. - 10의 자리 6개를 4사람에게 나누어 1개씩 놓고 2개가 남으면 .1의 자리 구슬 20개와 바꾸어 초록색 그릇 속에 넣고 파랑그릇은 엎는다. - 1의 자리 22개를 똑같이 나누어 놓으면 5개씩 주고 2개가 남는다. 초록색 그릇도 엎는다. - 462 ÷ 4 = 115 나머지 2임을 확인하고 답을 쓴다. • 교구를 정리하여 제자리에 둔다.
흥미 요소	교환하기 위해 구슬을 부어넣을 때
실수정정	구슬이 고르게 나뉘지 않았을 때

변형 확대 및 응용	• 개인 능력에 따라 나눗셈의 제 수의 크기를 조정한다. • 두 자리, 세 자리 피제수로 긴 나눗셈하기	**지 도 상 의 유 의 점** 시험관의 구슬이 10개씩 있는지 사전에 확인한다.
		관 찰 (아 동 평 가) 1단위 나눗셈 판을 이용해서 긴 나눗셈을 할 수 있는가?

활동(54)

주 제	철제 집어넣기 분수	대상 연령	6세
교 구	10조의 철제 집어넣기 분수, 사과, 원 종이 도형, 원 철판 도형, 빨강 펜, 빨강연필		
목 적	직 접	• 1을 더 작은 수로 나타내보고 분자와 분모를 구분할 수 있다.	
	간 접	• 분수의 기본개념을 이해한다.	
선행학습	나눗셈,		
언 어	분수, 분자, 분모		
교구제시			

- 114 -

활동과정 (상호작용)	* 분수 제시 1) 철제 집어넣기 분수 소개 • 1의 확인 　- 은행에서 구슬 1개를 가져와서 구슬 1개는 1이라고 확인한다. 　- 철제 집어넣기 분수에서 원 1매를 꺼내어 1을 소개한다. 　- 아동에게 비어 있는 틀 속에 1/2을 2매 넣게 한다. 　- 위와 같이 1/3을 3매, 1/4을 4매, 1/5을 5매, 1/6을 6매, 1/7을 7매, 1/8을 8매, 1/9을 9매, 1/10을 10매 넣어보아 1이 됨을 확인한다. 제시 2) 분수의 설명 　- 분수는 1보다 작다는 것을 강조하기 위해 1개의 사과를 가지고 1이라고 설명한다. 　- 하나의 사과를 반으로 잘라 1명에게는 반을 주고 다른 아동에게는 한 개의 반의 반을, 나누어주며 아동의 반응을 살핀다. 　- 분수를 전부 융단위에 운반하고 틀마다 1에서 10등분까지 왼쪽에서 오른쪽으로 나열한다. 　- 분수는 가족으로 이루어졌는데 1분 씨 가족, 2분 씨 가족, 10분 씨 가족이 있으며 가족 수를 소개한다. 　- 분수의 가족을 3단계 교수법으로 지도한다. 　- 분모와 분자 하나에 분수의 가족을 본다.(예: 5의 가족에는 분수가 5개) 　- 분수는 선을 중심으로 밑에는 가족의 이름(5분)으로 '분모'라 하고, 위에는 가족의 수 1, 2, 3, 4, 5로 '분자'라 한다. • 교구를 정리하여 제자리에 둔다.
흥미 요소	선에 의해 분모와 분자가 분리된다.
실수정정	경험을 통해서 분수의 이해를 돕는다.

변형 확대 및 응용	철제 집어넣기 분수를 넣고 꺼내면서 분수의 크기를 비교해 본다.	**지 도 상 의 유 의 점**
		10이상의 분모를 가진 분수는 교구가 없으므로 사용하지 않는다.
		관 찰 (아 동 평 가)
		철제 집어넣기 분수교구를 활용하여 분수를 이해할 수 있는가?

활동(55)

주 제	분수 읽고 쓰기		대상 연령	6세
교 구	10조의 철제 집어넣기 분수, 사과, 원 종이 도형, 원 철판 도형, 빨강펜, 빨강연필			
목 적	직접	• 분수의 크기를 이해하고 분수를 읽고 쓸 수 있다.		
	간접	• 분수의 기본개념을 이해한다.		
선행학습	철제 집어넣기 분수			
언 어	분수, 분자, 분모			
교구 제시				

활동과정
(상호작용)
	제시 1) 원의 종이도형 과 철제 집어넣기 분수
	• 원의 종이 도형 제시함
	  - 원의 종이도형 1을 제시하고 1이라고 읽고 쓰게 한다.
	  - 원의 종이도형 1/2을 늘어놓으며 분수를 읽고 쓰게 한다.
	  - 원의 종이도형을 4조각으로 나누어 준 후 1/4, 2/4, 3/4, 4/4를 읽고 쓴다.
	• 철제 집어넣기 분수 제시
	  - 원 철판 도형을 주며 빨강 펜으로 그린다음 그 밑에 1/4, 2/4, 3/4, 4/4을 읽고 쓰게 한다.
	  - 다른 여러 가지 분수를 제시해 주고 위와 같이 그려보고 읽고 쓰게 한다.
	
	제시 2) 분수와 카드의 일치
	• 1의 카드상자 이용
	  - 집어넣기 분수를 전부 융단위에 또는 틀 위에 나란히 놓은 후 카드를 꺼내어 읽고 상당하는 분수의 위에 올려 놓는다.
	• 2의 카드상자 이용
	  - 카드를 꺼내어 읽고 해당되는 분수를 틀에서 꺼내서 매트위에 놓기.
	• 크기가 같은 분수 찾기
	  - 철제 집어넣기 분수에서 1/2틀을 1매 꺼내어 비어있는 도형 속에 1/4을 2매, 1/6을 3매, 1/8을 4매, 1/10을 5매 넣어보고 분수를 읽어보게 한다.
	  - 어느 분수는 1/2에 꼭 맞고 어느 분수는 맞지 않음을 확인 시킨다.
	  (분모가 짝수인 분수는 맞고 홀수인 분수는 맞지 않음을 발견한다.)
	  - 카드 1매를 읽고 다른 카드에서 등가의 카드를 찾을 때 까지 집어넣기
	  - 분수를 넣고 꺼내기를 여러 번 해보고 스스로 찾아본다.

흥미 요소	1을 나누어서 분수로 쓸 수 있는 것
실수정정	분모가 같은 분수 찾기를 어려워 할 때.

변형 확대 및 응 용	분자가 1인 도형을 찾아서 그 밑에 분수로 쓰고 색칠해서 책을 만들어 본다.	지 도 상 의 유 의 점
		전체의 수량을 1로 생각할 수 있도록 유의한다.
		관 찰 (아 동 평 가)
		분수를 그려보고 읽고 쓸 수 있는가?

활동(56)

주 제	분수의 덧셈	대상 연령	6세
교 구	10조의 철제 집어넣기 분수, 문제카드, 종이, 색연필		
목 적	직 접	• 분수의 덧셈을 할 수 있다.	
	간 접	• 분수의 기본개념을 이해하고 분수의 연산의 기초를 갖는다.	
선행학습	철제 집어넣기 분수		
언 어	분수, 분자, 분모		
교구 제시			

활동과정 (상호작용)	제시 1) 같은 분모의 분수 덧셈 • 집어넣기 분수를 메트 위에 늘어놓고 문제카드를 선택한다. • 2/5 + 1/5의 계산과정을 설명한다. - 집어넣기 분수에서 5의 가족을 모두 꺼내 매트위에 늘어놓는다. - 5의 가족에서 1/5를 두 번 넣은 후 더하기 개념으로 1/5을 더 넣어준다. - 1/5를 두 번 넣은 후 ' + '를 넣고 1/5을 더 넣은 후 ' = '표시를 한다. - 빈 종이에 2/5 + 1/5 = 3/5 이라고 쓰고 읽어보게 한다. - 분모가 같은 덧셈은 분자만 더하면 됨을 알게 될 때까지 연습한다. 제시 2) 다른 분모의 분수 덧셈 • 집어넣기 분수를 메트위에 늘어놓고 문제카드를 선택한다. • 1/2 + 1/4의 계산과정을 설명한다. - 빈 종이에 문제를 쓰고 철제 집어넣기 분수에서 어느 분수의 가족을 사용할까를 생각한다. - 답을 발견하기 위해서는 같은 분모가 되어야 함을 알아본다. - 분모를 같게 할 수 있는 등가분수를 찾아보게 한다. - 2분 가족과 4분 가족을 선택하도록 유도한다. - 1/4을 1/2로 바꿀 수 없으므로 1/2을 4분 가족으로 바꾸기 위해 1/2에 1/4이 몇 개 들어가는지를 철제 집어넣기 분수에서 확인하면 1/2은 2/4와 같음을 발견한다. - 2/4와 1/4을 더하게 한다. - 빈 종이에 1/2 + 1/4 = 3/4 이라고 쓰고 읽어보게 한다. - 분모가 다른 분수의 계산은 먼저 분모가 같은 분수로 만들어야 함을 알게 한다.
흥미 요소	철제 집어넣기 분수를 이용하여 동분모 분수를 찾아내기
실수정정	철제 집어넣기 분수를 이용하여 동분모 분수를 찾아내지 못할 때

변형 확대 및 응 용	여러 가지 문제를 철제 집어넣기 분수를 이용하여 계산해 보기	지 도 상 의 유 의 점
		분모가 다른 분수의 덧셈을 할 경우 동분모 분수를 먼저 만들어야 함을 유의시킨다.
		관 찰 (아 동 평 가)
		분수의 덧셈을 할 수 있는가?

활동(57)

주 제	분수의 뺄셈		대상 연령	6세
교 구	10개 조의 철제집어 넣기 분수, 문제카드, 종이, 색연필			
목 적	직 접	• 분수의 뺄셈을 할 수 있다.		
	간 접	• 분수의 기본개념을 이해하고 분수의 연산의 기초를 갖는다.		
선행학습	철제 집어넣기 분수			
언 어	분수, 분자, 분모			
교구 제시				

활동과정 (상호작용)	제시 1) 같은 분모의 분수의 뺄셈 • 집어넣기 분수를 메트 위에 늘어놓고 문제카드를 선택한다. • 3/5 - 1/5의 계산과정을 설명한다. 　- 빼는 수는 카드를 사용한다. 　- 집어넣기 분수 1/5을 3번 집어넣은 후 빼기는 1/5을 1번 덜어낸다. 　- 집어넣기 분수 1/5 3매를 늘어놓은 후 '-' 기호를 놓고 1/5 카드 1매를 덜어내고 '=' 기호를 놓고 피승수에서 남는 수 1/5 2매를 옮겨온다. 　- 빈 종이에 3/5 - 1/5 = 2/5 라고 쓰고 읽어보게 한다. 　- 연습을 계속하면 분모가 같은 분수는 분자만 빼면 답이 됨을 알게 된다. 제시 2) 다른 분모의 분수 뺄셈 • 집어넣기 분수를 메트위에 늘어놓고 문제카드를 선택한다. • 1/5 - 1/10의 계산과정을 설명한다. 　- 빈 종이에 문제를 쓰고 빼는 수는 카드로 사용해 본다. 　- 답을 발견하기 위해서는 같은 분모가 되어야 함을 알려준다. 　- 분모를 같게 할 수 있는 동분모 분수를 찾아보게 한다. 　- 1/5을 10분가족으로 바꾸어 2/10이 됨을 집어넣기 분수에서 알게 되었으므로 분수 1/10 2매를 늘어놓고 ' - ' 기호를 넣고 1/10 카드 1장을 놓고 1/10을 덜어낸 후 '='의 기호를 놓고 피승수에 남아 있던 분수 1/10을 옮겨 놓는다). 　- 빈 종이에 1/5 - 1/10 = 1/10 이라고 쓰고 읽어보게 한다. • 교구를 정리하고 제자리에 둔다.
흥미 요소	분수 카드를 이용하여 식으로 나타내기
실수정정	철제분수를 활용하여 동분모 분수를 찾아내지 못할 때

변형 확대 및 응　용	여러 가지 문제를 아동의 수준차를 고려하여 많은 문제를 제시하여 풀어보게 한다.	**지 도 상 의 유 의 점**
		분모가 다른 분수의 뺄셈을 할 경우 동분모 분수를 먼저 만들어야 함을 유의시킨다.
		관 찰 (아 동 평 가)
		분수의 뺄셈을 할 수 있는가?

활동(58)

주 제	분수의 곱셈		대상 연령	6세
교 구	10개 조의 철제 집어넣기 분수, 문제카드, 종이, 색연필			
목 적	직 접	• 분수의 곱셈을 할 수 있다.		
	간 접	• 분수의 기본개념을 이해하고 분수의 연산의 기초를 갖는다.		
선행학습	분수의 덧셈			
언 어	분수, 분자, 분모			
교구제시				

활동과정
(상호작용)
	제시 1) 분수와 정수의 곱셈
	• 2/8 × 4의 계산과정을 설명한다.
	  - 승수는 카드를 사용하고 곱셈의 원칙은 어떤 같은 수를 승수만큼 더한 다는 뜻임을 확인한다.
	  - 철제분수 1/8을 2매씩 4번 모아 표시가 없이 나열한다.
	  - 철제분수 1/8을 2매 옆에 곱셈의 기호(×)를 놓고 카드 4를 놓은 후 기호(=)를 늘어놓고 답의 위치에 피승수에 있던 철제분수 1/8 2매를 옮겨와서 합하여 철제분수 1/8을 2매씩 4번을 수직 배열한 후 다시 원으로 모아 배열하여 원 하나가 됨을 확인한다.
	  - 빈 종이에 2/8 × 4 = 8/8 = 1 이라고 쓰고 읽어보게 한다.
	  - 연습: 분모와 정수의 곱셈은 분자에 정수를 곱하면 답이 됨을 알아 본다.
	
	제시 2) 분수와 분수의 곱셈
	• 2/3 × 1/2의 계산과정을 설명한다.
	  - 승수는 카드를 사용하고 곱셈의 원칙은 어떤 같은 수를 승수만큼 더하는데 승수가 1/2이므로 2/3의 반만 필요하다는 뜻임을 확인한다.
	  - 철제분수 1/3을 2매놓고 곱셈의 기호(×)를 놓고 카드 1/2를 놓은 후 기호(=)를 늘어놓고 답의 위치에 1/3의 반만 취하면 되므로 1/3, 1매만 가져다 놓고 피승수의 철제분수는 치운다.
	  - 빈 종이에 2/3 × 1/2 = 1/3 이라고 쓰고 읽어보게 한다.
	  - 분수×분수는 분자는 분자끼리, 분모는 분모끼리 곱한다(+셈 이용)

흥미 요소	카드를 이용하여 식으로 나타내기
실수정정	카드를 활용하여 식으로 나타내기를 어려워 할 때

변형 확대 및 응 용	여러 가지 문제를 철제분수와 카드를 이용하여 계산해 보기	**지 도 상 의 유 의 점**
		분수의 곱셈은 구체 물로 곱셈의 이치를 깨닫도록 여러번 연습 후에 방법을 스스로 깨닫게 지도한다.
		관 찰 (아 동 평 가)
		분수의 곱셈을 할 수 있는가?

활동(59)

주 제	분수의 나눗셈	대상 연령	6세
교 구	10조의 철제 집어넣기 분수, 문제카드, 종이, 색연필		
목 적	직접	•분수의 나눗셈을 할 수 있다.	
	간접	•분수의 기본개념을 이해하고 분수의 연산의 기초를 갖는다.	
선행학습	분수의 곱셈		
언 어	분수, 분자, 분모		
교구제시			

활동과정
(상호작용)
	* 분수의 나눗셈
	제시 1) 분수를 정수로 나눔
	• 6/8 ÷ 3의 계산과정을 설명한다.
	  - 나누는 사람은 작은 사람을 사용하므로 3개의 작은 사람을 나란히 놓는다.
	  - 철제분수 1/8짜리 6매를 작은 세 사람에게 똑같이 나누어 주면 1/8짜리 2매씩을 갖게 된다.
	  - 종이에 6/8 ÷ 3 = 2/8 를 쓰고 읽어보게 한다.
	  - 연습을 계속하면 분모와 정수의 나눗셈은 분자를 정수로 나누면 답이 됨을 알게 된다.
	
	제시 2) 분수를 분수로 나눔
	• 1/2 ÷ 1/3의 계산과정을 설명한다.
	  - 나누는 수는 카드로 사용한다.
	  - 1보다 작게 나눈다는 것을 강조하기 위해 녹색 작은 사람은 사용하지 않고 나무색상의 분수 봉(작은 사람)을 사용한다.
	  - 다른 작은 사람에게도 1/2씩을 주어서 그것을 모아서 1사람이 받은 수를 세어본다. 결국 1과 1/2 이 된다.
	  - 빈 종이에 1/2 ÷ 1/3 = 1과 1/2이라고 쓰고 읽어보게 한다.
	• 3/2 ÷ 2/3는 1/3을 1매씩 작은 사람 1~3에게 나누어주면 1사람이 가진 몫은 1이 됨을 알아본다.		

흥미 요소	분수의 작은 사람을 사용하는 것		
실수정정	분수의 나눗셈은 1사람이 가지는 수가 답이 됨을 이해하지 못할 때		
변형 확대 및 응 용	여러 가지 문제를 분수의 작은 사람을 이용하여 계산해 보기	지 도 상 의 유 의 점	
		분수의 나눗셈에는 분수의 작은 사람을 사용한다.	
		관 찰 (아 동 평 가)	
		분수의 나눗셈을 할 수 있는가?	

6. 부록

● 몬테소리의 민감기 아이들의 배움에 대하여!

1. '아이의 업무는 무엇이고 교사의 역할은 무엇인가?

가) 아이의 업무는 무엇인가?
1) 아이가 출생과 동시에 가장 중요한 업무는 환경에 적응하는 것이다. 아이는 어느 국가, 어떠한 환경에서도 스스로의 적응력을 가지고 태어난다. 아이는 스스로 그 시대의 문화나 환경에 적응해 내야하는 업무를 지녔다.
2) 아이는 무한한 잠재능력을 가진 자유로운 존재로써 끊임없이 자신을 창조해가는 업무를 가지고 있다.
3) 아이자신이 스스로 자신의 잠재력을 개발해서 사람과 밀접한 관계를 성립하고 환경에 적응하여 생존해가기 위해서 신체적, 정신적으로 발달해야 하는 업무를 가지고 있다.
4) 무의식 단계 아이의 가장 큰 과업은 '자기 돌보기'의 업무이다.
5) 무의식 단계의 아이들은 모방의 업무를 가지고 있다.
6) 고유의 전통 문화의 계승발전의 업무를 가지고 있다.

나) 교사의 임무는 무엇인가?

1) 아이가 다양하고 자유스러운 환경속에서 적응하는 경험이 이루어질 수 있도록 교실내외에 활동에 필요한 환경을 제공한다.
   (예: 시장구경, 문화영역의 각 국가의 다양한 전통적 환경 제공)
2) 아이는 외부자극에 적응력이 부족하기 때문에 아이의 집중을 깨뜨리지 않도록 아이로부터 멀리 떨어져 관찰을 해야 한다.
3) 아이 스스로가 자신을 건설해가는 풍부한 능력의 시기임을 존중하고 교사의 강요나 성급함이 없어야 한다. 아이의 선택이나 작업에 존경심을 가지고 기다려야 한다.
4) 교사는 아동에 대한 개입에 주의해야 한다. 즉 교사는 아이의 활동에서 필요 이상의 개입 필요한 개입을 신중히 가려서 임한다.
5) 교사는 앞으로 아이의 끊임없는 창조를 위하여 간접적인 기술의 관계를 통해서 독립적이고 자발적인 활동을 허용하고, 아이로 하여금 계속적인 정복으로 자기완성에 도달할 수 있도록 한다.

6) 교사는 아이의 민감기의 적기를 놓치지 않고 지속적인 관찰로 피드백한다.
7) 정신적, 신체적으로 균형있는 발달과업을 수행하기 위하여 오감을 고루 자극하는 다양한 교구환경을 제공해야 한다.
8) 아이는 자기 돌보기의 업무수행을 통하여 어린이들이 자유를 존중하고 자유롭게 탐구, 탐색하므로, 독립적인 아이의 작업 성취를 돕는다.
9) 특히 일상영역을 통하여 그 나라의 사회적 요소인 인종 차별 또는 언어나 문화를 반영하기 때문에 다국적 전통 문화에 접근하는 지도가 필요하다.
10) 부모교육을 통하여 학교와 가정교육의 일체감을 형성하고 부모는 아이와 함께 태어난 본 국적의 전통문화를 계승 발전시키도록 지도한다.

2. 아이의 의식 상태와 무의식 상태의 아이의 행동은 어떠한가?

1) 무의식 민감기는 생태학적으로 볼 때 중추신경과 두뇌의 미발달의 상태이다. 즉 아이는 빛 냄새 소리, 감각 등의 모든 자극을 동시에 한꺼번에 겪게 되는데 이러한 외부의 자극을 차단하거나 끊을 수 없는 능력의 상태이다. 따라서 금방 방해를 받아 집중이 깨지기도 하고 즉흥적으로 다른 행동으로 옮겨지기도 한다. 결국 아이는 매우 산만하고 집중력이 약하여 아무런 생각이 없이 부딪치는 대로 행동부터하게 된다.
2) 그러나 의식적 민감기는 이러한 외부 자극을 조금씩 조절할 수 있거나 끊을 수 있는 상태로 발달하며 탐험성을 가지게 되는 것이 특징이다.
3) 아이들의 창조란 모든 것이 환경(작업)의 경험을 통하여 이루어지며 이것은 행동을 통하여 단단하게 형성되어 간다.(M흡수정신에서) 민감기는 풍부한 능력을 갖는 특정한 시기이며 민감기의 아이는 환경으로부터 많은 것들을 자연스럽게 흡수하여 자기완성에 도달할 수 있다

3. 아이에게 존중 감을 보이기 위하여 교사가 할 일은 무엇인가?

1) 교사의 언행은 천천히 안정되고 평화스럽게 움직여서 아이의 작업을 방해하지 않아야 하며 아이의 선택을 존중한다.
2) 교실에서 멀리 있는 아이를 부를 때 조용히 부르고 이야기하며 일관된 언행을 보인다.
3) 아이를 도와주기 전에 말로 아이와 시선을 맞추어 신뢰감을 형성하고 할 일을 말한다.
4) 어린이가 어떤 한계에 부딪쳤을 때를 대비해서 깊이 관찰하면서 도와줄 수 있는 시기를 기다린다.(개입시기의 적절성)

5) 어린이가 교사를 부를 때 반드시 응해주고 이때에는 아이의 말속에 있는 내심의 요구까지 들어주며 약속은 꼭 지켜준다.(신뢰감, 존중감 형성).
6) 아이의 활동의 오류에 대해서는 함부로 직접 지적하거나 교사 객관적인 결정이나 판단을 하지 말고 그러나 잘못된 상황에 대해서는 반드시 옳은 방법을 알려준다.
7) 교사는 아이가 혼자의 힘으로 자신의 정신을 쌓아가는 동안에 만족한 성취에 이를 수 있음을 알고 기다려 주어야 한다. 아이는 자신을 창조해가는 무한한 잠재력을 지닌 자유로운 존재로써 아이 스스로 자신의 잠재력을 전개시켜 나가는 시기이다.
8) 결코 아이에게 어떠한 책임도 부과해서는 아니 되며 아이가 언제나 부탁해 올 수 있도록 배려하고 그 때마다 정확한 방향제시를 해 주어야 한다.

4. 아이들이 최고로 잘 배울 수가 있는 때는 언제인가?

1) 아이가 의식을 갖기 전에 환경으로부터 모든 것을 무의식적으로 강하게 흡수하는 능력이 0-6세까지 지속되며 무의식단계에서 점차 의식의 단계로 진행이 된다.
2) 무의식적 단계(0-3세)는 아이가 가능한 모든 인상들을 무의식적으로 흡수하여 자신의 인격의 일부로 만들어 간다. 몬테소리는 이러한 아이의 정신을 '사진기로 찍은 사진'에 비유하였다. 이 시기의 흡수정신은 능동적으로 나타나며 모국어 습득에 특히 중요하다.
3) 아이는 끊임없이 자신을 창조해가는 무한한 잠재력을 지닌 자유로운 존재(몬테소리)로서 아이 스스로의 잠재력을 전개시켜가는 시기이기 때문에 최고로 잘 배울 수가 있다.
4) 아이에게 매혹적이고 흥미로운 준비된 환경이 마련되어 있을 때 최고로 잘 배울 수가 있다.
5) 아이에게 자유와 아이의 작업을 존경해 주었을 때 때 최고로 잘 배울 수가 있다.
6) 질서에 대한 민감기: 1세에서 2세까지 나타나며 3세를 정점으로 점차 소멸이 된다. 따라서 교사의 아이들에 대한 다양한 환경제공, 교사의 아이에 대한 적절한 개입이 주어질 때 최고로 배우게 된다.
7) 오감에 대한 민감기는 2개월에서 2세까지 나타나므로 오감을 자극하는 감각 교구가 있을 때 최고로 잘 배울 수가 있다.
8) 움직임에 대한 민감기: 출생에서 6세에 나타나며 무작정 움직여서 조화롭고 세련된 움직임으로 충분히 발달하게 된다.
9) 작은 사물에 대한 민감기: 2-3세에 나타나며 언 듯 보기에는 눈을 뜨지 않은 조그마한 것에 주목하면서 큰 관심을 나타낸다.
10) 언어의 민감기: 태아에서 3세까지로 상호작용을 통해서 언어 자극을 할 때이다.

5.아이들이 준비된 환경 속에서 이익을 얻게 되는데 그 까닭은 무엇인가?

1) 아이의 내적 욕구나 흥미에 부합된 외적조건(준비된 환경)속에서 아이의 강한 집중이 가능한 시기이기 때문이다.
2) 준비된 환경은 아이를 가르친다. 몬테소리의 '교구는 아이의 스승이다.'라는 말과 같다. 아이가 환경과 직접적인 접촉으로 다양한 경험이 이루어지기 때문이다.
3) 아이가 준비된 환경에서 스스로 작업을 선택하고, 작업에 진정한 흥미와 반복으로 성취감과 자신의 내적훈련의 정상화가 이루어 질 수 있기 때문이다.
4) 아이는 환경 속에서 점차 의식을 갖게 되며 인간다운 삶을 건설해 갈수 있는 경험을 하게 되고 아이의 개혁적, 건설적인 힘을 발휘할 수 있기 때문이다.
5) 자신의 손으로 하여금 준비된 환경으로 작업을 하게 되는데 근육운동의 향상, 몸의 균형감각, 조정능력, 눈과 손의 협응 능력, 대근육과 소근육의 발달을 돕게 되고 손의 활동에 의한 뇌의 발달을 촉진하게 된다.
6) 준비된 환경은 아이가 최고로 잘 배울 수 있는 여건이 된다. 그 이유는 교구매체나 환경은 아이에게 다양한 경험과 반복활동이 주어지기 때문이다.
7) 준비된 환경 중 잘 배울 수 있는 여건은 곧 교사이다.
   준비된 교사는 아이에 대한 철학과 기질이 겸비되어 있기 때문에 아이에 대한 존경심과 교육적 배려가 충분히 이루어질 수 있다.

판 권
본사소유

개별화 교육을 위한 몬테소리 교육 학습지도안

수 영 역 (3~6세)

발행일 : 2009년 9월

저 자 : 권 명 자

발행인 : 임 남 일

발행처 : 도서출판 **몬테소리**

서울시 강남구 대치동 891-23 대우아이빌 명문가 4차 101-1004호

전화: 02-557-2905

fax : 02-557-2905

E-mail: 109kwon@hanmail.net

등록 : 2004. 04. 10

(ISBN. 89.908931-07-08)

값 12,000원

잘못된 책은 교환해 드리며 불법복제를 금합니다.